职业院校学前教育专业规划教材

学前儿童游戏活动设计

韩文瑛 肖胜强／主编
丁辉 徐清 王群／副主编

人民邮电出版社
北京

图书在版编目（CIP）数据

学前儿童游戏活动设计 / 韩文瑛，肖胜强主编. -- 北京 : 人民邮电出版社，2014.10
职业院校学前教育专业规划教材
ISBN 978-7-115-35606-2

Ⅰ. ①学… Ⅱ. ①韩… ②肖… Ⅲ. ①学前儿童－游戏课－高等职业教育－教材 Ⅳ. ①G613.7

中国版本图书馆CIP数据核字(2014)第092192号

内 容 提 要

本书从职业院校课程教学与幼儿园实际工作的有效联系出发，将理论与实践相结合。全书共分为四章，内容包括学前儿童游戏概述以及教学活动中的创造性游戏、规则性游戏、五大领域游戏的活动设计。本书从游戏的生成（分类）、游戏活动方案设计、游戏指导以及游戏的组织与实施这几方面入手，培养幼儿教师设计与组织游戏活动的能力。书中通过若干典型的学前儿童游戏活动案例和实训项目，进行有针对性的分析、指导和训练。

本书立足学前教育实际，结构明晰、表达通俗、文图并茂、理实结合。典型案例既适合教学情境，又接近工作环境，具有较强的可读性、借鉴性、应用性和可操作性，能够让读者学有所获，学以致用。

本书既可以作为职业院校学前教育专业课程的教材，也可以作为从事学前教育工作人员的学习和参考用书。

◆ 主　　编　韩文瑛　肖胜强
副 主 编　丁　辉　徐　清　王　群
责任编辑　刘　依
执行编辑　蒋　亮
责任印制　杨林杰

◆ 人民邮电出版社出版发行　　北京市丰台区成寿寺路 11 号
邮编　100164　　电子邮件　315@ptpress.com.cn
网址　http://www.ptpress.com.cn
三河市海波印务有限公司印刷

◆ 开本：787×1092　1/16
印张：11.25　　2014 年 10 月第 1 版
字数：195 千字　　2014 年 10 月河北第 1 次印刷

定价：28.00 元

读者服务热线：(010)81055256　印装质量热线：(010)81055316
反盗版热线：(010)81055315
广告经营许可证：京崇工商广字第 0021 号

编审委员会

主　任：张继军

副主任：丁　辉

委　员：肖胜强　李华峰　邓来信　王守涛　徐　清

逄锦涛　葛秀忠　赵存生　刘兆高　王　敢

特聘专家：

青岛海信集团　康存勇

青岛海尔集团　陈彦海

青岛金冠电子商务有限公司　冯磊

青岛市职业技术学院　于志云

青岛市黄岛区教体局职成教办公室　王砚美

青岛市黄岛区学前教育办公室　丁岩

青岛市阿迪尔车桥制造有限公司　李梦贤

青岛市劳动就业训练中心　丁华聚

青岛三承电装有限公司　闫光磊

青岛中盈蓝海有限公司　隋金毅

青岛东元精密机电有限公司　赵春华

南车青岛四方机车车辆股份有限公司　何建英

青岛市黄岛区隐珠幼儿园　陈保华

胶南经济开发区海滨幼儿园　王晓莉

青岛天一集团红旗纺织机械有限公司　刘培德

青岛永顺达金属制品有限公司　张德堂

本书编委会

主　编：韩文瑛　肖胜强

副主编：丁辉　徐清　王群

学校编委成员姓名：沈淑明　刘梅　张春梅　董艳春

企业行业编委成员单位及姓名：

青岛市黄岛区泊里镇中心幼儿园：逄金华

青岛市黄岛区宝山镇中心幼儿园：于德芬

高校和教研室编委成员单位及姓名：

青岛市黄岛区学前教育办公室：丁　岩

前　　言/ FOREWORD

2011 年颁布的《国务院关于当前发展学前教育的若干意见》中明确指出：遵循幼儿身心发展规律，面向全体幼儿，关注个体差异，坚持以游戏为基本活动，保教结合，寓教于乐，促进幼儿健康成长……为幼儿创设丰富多彩的教育环境，防止和纠正幼儿园教育“小学化”倾向。中国幼儿教育家陈鹤琴先生说过：“幼儿以游戏为生命，多游戏，多快乐。”可见，游戏是学前儿童最喜欢的活动，他们在游戏中学习，在游戏中成长。因此，为学前教育培养师资的学前教育专业课程体系中应该将学前儿童游戏活动设计作为必修科目。

本书是面向职业院校学前教育专业的学生以及学前教育从业人员而编写的一本教材。本书根据读者的特点及职业院校学前教育专业培养目标，重视教材的应用性和可操作性。本书结构明晰、表达通俗、立足现实、理实结合，让学习者在“是什么”和“为什么”的基本铺垫后，更多地知道“怎么做”。本书注重课堂教学的有效性，设置教学情境，接近工作环境，让学前教育专业的学生学有所获，学以致用，以便将来能尽快转换角色，适应幼儿园工作。

本书秉承以就业为导向、以能力为本位、以幼儿园需求为宗旨、以培养高素质的幼儿教育人才为理念，将游戏理论和实践有效地结合起来，引导学习者分析、探讨，把所学知识应用于解决实际问题，培养学习者的游戏活动设计与组织能力。

本书计划学时为 64 学时，建议采用“教学做合一”的教学模式，各章的参考学时见下面的学时分配表。

学时分配表

章节	课程内容	学时
引言	课程导入	2 学时
第一章	学前儿童游戏概述	6 学时
第二章	学前儿童创造性游戏活动设计	18 学时
第三章	学前儿童规则性游戏活动设计	18 学时
第四章	幼儿园五大领域游戏活动设计	20 学时

本书由韩文瑛、肖胜强任主编，丁辉、徐清、王群任副主编，参与编写和审校的还有沈淑明、刘梅、张春梅、董艳春、丁岩、逄金华、于德芬。特别要感谢青岛市黄岛区

教体局学前教育办公室、青岛市黄岛区第三实验小学附属幼儿园、青岛市黄岛区泊里镇中心幼儿园为本书编写提供了大量一线案例及图片、资料等。本书在编写过程中，参考并借鉴了许多国内外专家、学者及同行的研究成果、观点和资料，编者在此一并表示衷心感谢！

由于编者水平和能力有限，书中难免有不妥之处，恳请广大读者给予批评、指正，提出宝贵建议，以便编者进行修正，促进职业院校学前教育专业更好地发展。

编 者

2014 年 4 月

目　录/ CONTENTS

引 言

同学们，你小时候做过这些游戏吗（见图 0-1 至图 0-8）？做游戏时你快乐吗？身体和心理有什么感受？

图 0-1 滚铁环

图 0-2 跳房子

图 0-3 摸瞎

图 0-4 跳皮筋

图 0-5 扛拐

图 0-6 弹珠

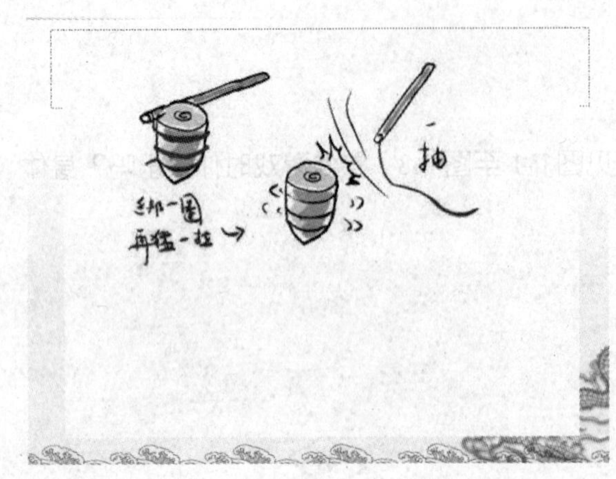

图 0-7　抽陀螺

图 0-8　放风筝

看着这些做过或没做过的游戏，我们会觉得它们很亲切、很熟悉吧？不管到什么年龄，我们都会对活动、自由、快乐有着由衷的热爱和向往。

从这里开始，让我们一起走进学前儿童的游戏世界吧！

第一章

学前儿童游戏概述

在生活中，我们常常看到学前儿童对玩游戏乐此不疲。游戏可以说是学前儿童生活的重心。然而，人们对游戏的认识却不尽相同：有人认为游戏是学前期的主要活动，可以促进学前儿童各方面的发展；也有人认为游戏是阻碍学习的负面因素；还有人认为游戏只是小孩子的消遣，打发无聊的时间，没什么好讨论的。作为未来的学前教育工作者，我们应该怎样看待游戏呢？游戏在学前儿童成长中起到什么样的作用呢？

学习目标

知识目标：

1. 理解并掌握游戏对学前儿童身心发展的作用；
2. 理解并掌握学前儿童游戏的特征与种类。

技能目标：

1. 了解影响学前儿童游戏发展的因素，能在实践中更好地发挥游戏的作用；
2. 用科学的游戏理论分析学前游戏实际过程中出现的现象。

第一节　学前儿童游戏概述

游戏是人类社会普遍存在的一种社会现象，从咿呀学语的婴儿到年近古稀的老者，生活中都不乏游戏的存在。游戏以其独特的魅力给人们的生活带来无尽的快乐，以其特有的价值促进每一个人健康、全面地发展。让我们带着对童年游戏美好的怀念开始学习之旅吧。

案例导入

妈妈和两岁半的儿子在树林里你追我赶，玩得不亦乐乎。满头大汗的儿子回头向妈妈提议道："妈妈，我们玩捉迷藏吧？""好啊。"妈妈很配合地答应了。"我来藏，你来找。"儿子把角色也安排好了，"不许偷看啊！"儿子边跑边喊。妈妈捂住眼睛说："我没看，你藏好了吗？我可以找了吗？""妈妈，找吧。"听到儿子的回应，妈妈把手从眼睛上拿开，一回头，笑了，儿子把屁股高高地翘起，把头放在草丛里，用力闭紧眼睛，双手使劲撑住，正在招呼妈妈找他呢。

思考与讨论：

1. 案例中，儿子的游戏活动是自发的吗？他在游戏中获得了什么样的情绪体验？
2. 在以上案例中反映了游戏具有什么特点？

一、学前儿童游戏的含义

（一）游戏是学前儿童最喜爱的活动，是学前儿童生活的主要内容

游戏对于学前儿童来说就是他们的生活，是他们美好童年不可缺少的因素（见图

1-1）。我们可以看到在学前儿童的一日生活中，除了吃饭、睡觉等日常活动外，只要没有特别限制且身体健康，那么学前儿童一定是在游戏着。即使是吃饭、睡觉，学前儿童也常常以游戏的形式进行，她会抱上洋娃娃，让洋娃娃“吃一口”，自己再吃一口，她会带上洋娃娃睡觉等。可见学前儿童的生活是以游戏为中心的，游戏占据着学前儿童生活的大部分时间。

图 1-1　童年游戏

游戏是学前儿童最喜爱的活动。我们曾问一个四五岁的孩子最喜欢干什么，她毫不迟疑地回答：“最喜欢玩游戏，玩‘爸爸妈妈’的游戏，因为可以当大人，好玩极了！”。可见，游戏是学前儿童十分向往的，自主而快乐的活动。

（二）游戏符合学前儿童身心发展的需要

学前儿童喜欢游戏是由于游戏符合学前儿童身心发展的需要。在学前儿童的成长过程中有着各种需要，如认知的需要、运动的需要、交往的需要、操作和探索的需要、自我实现的需要等。由于学前儿童年龄小，实际能力较差，他们面临的现实世界是一个按成人的规范组成起来的世界，他们既不能像成人那样做自己想做的事情，又做不了成人会做的事情，而他们又渴望参与成人的实践活动，渴望满足自己的多种需要，游戏就为学前儿童提供了这种可能。

游戏能解决学前儿童身心发展的需要与实际能力之间的矛盾，学前儿童通过装扮各种角色，进行各种活动来满足自身的多种需要，并从中获取经验，推动心理向前发展。

（三）游戏是学前儿童特有的一种学习方式

学前儿童游戏的过程是学习的过程。在游戏过程中，学前儿童通过不断与环境相互作用，学习与人交往，认识周围环境，理解和掌握社会行为规范等。例如，孩子玩玩具，他会在充满新奇、奥秘的玩具世界里，不停地发问，反复地摆弄，以期得出答案：汽车为什么会动？陀螺为什么会转？轮船为什么不沉？……这些问题不仅激发了孩子丰富的想象力、思维力，而且也成了孩子认识世界的工具，启迪他们智慧的教科书。学前儿童在游戏中的学习是一种自觉的学习，它与其他学习活动相比有着不同的特点。

首先，学习的动力来自于学前儿童自身。学前儿童做游戏主要是为了满足好奇心和好玩，与人交往等方面的需要。所以游戏中的学习完全是由学前儿童的兴趣爱好和探究欲望激发的。

其次，学习没有明显的目的。他们并非为学习而游戏，而是为“玩”而游戏。教师在提供游戏环境时，将教育目标隐含其中，学前儿童积极、主动参与游戏，就能自然实现某些方面的发展目标，经常进行各类游戏，相应地就能促进学前儿童各方面的发展。

再者，学习是潜移默化的。例如，砌大桥，通过摆弄积木进行比较，让学前儿童认识了许多几何形体；与小朋友一起游戏，知道了谦让是怎么回事。在游戏中，学前儿童没有意识到自己是在学习，却不知不觉学到了许多东西。游戏为学前儿童提供了一个轻松、愉快，且丰富、刺激的，能鼓励学前儿童自主学习的良好环境，使他们获得安全感、自尊和自信，获得对学习的持久热情，从而终身受益。

二、学前儿童游戏的特点

学前儿童游戏之所以不同于其他活动，是由其自身特点决定的。学前儿童游戏的特点主要有以下几方面。

（一）游戏是学前儿童的自主活动

游戏是学前儿童主动参加的活动。日常生活中我们经常看到一个学前儿童向其他学前儿童建议：“我们来玩游戏好吗？”“好哇，玩什么呢？”“玩白雪公主吧。”可见，游戏活动的发起源于“我要玩”而不是“要我玩”，是由内部动机支配的，而不是来自外部的命令或要求。游戏是出于学前儿童自己的兴趣和愿望，自发自愿的活动。

学前儿童游戏以活动本身为目的，游戏不要求务必达到外在的任务和目标，也没有严格的程序和方式，玩什么、和谁玩、怎样玩，游戏的形式、内容、材料都由学前儿童自己掌握，按照他们的意愿进行。他们是在没有任何外在压力的情况下，自主、自由地做自己喜欢的事情。学前儿童在游戏中的态度是积极、主动的。如果游戏失去了自主性的特征，由教师精心安排，学前儿童必须完成教师布置的任务，表面上看学前儿童是在参与游戏，实际上，学前儿童并没有真正地玩游戏。所以，只有充分尊重游戏者的意愿，发挥游戏者的主动性，才是真正的游戏。

（二）游戏是有趣味的活动

每种游戏都含有趣味性，正是游戏的这一特性给学前儿童带来了愉快和满足。

学前儿童游戏没有强制性的社会义务，学前儿童能够身心放松，积极活动，他们通过操作材料、物品，控制环境，体会到自己的力量，产生自信，从行动和创造中获得愉快的体验。

游戏是一种娱乐活动，游戏中具体形象的角色，变化的情节、内容，新奇甚至滑稽的玩具材料，对学前儿童来说都是有趣的，能激起他们良好的情绪，吸引他们主动参加甚至重复地玩。例如，幼儿把玩具丢了一地，在地上标出“界线”说：“这是‘我的家’，这是‘我的商店’，我是老板。”如此反反复复，乐此不疲。哪怕他们因此受到家长的训斥也照玩不误，可见游戏给学前儿童带来了极大的乐趣。

（三）游戏是虚构的活动

学前儿童游戏是其生活的写照，反映其知识经验。游戏的内容、情节，游戏的规则及行为方式都具有社会性的特征，但又不是真实的生活。它是学前儿童在假想的情境下反映生活的活动，是“假装的”，它可以不受具体时间、地点、条件的限制，所需要的玩具材料可以是与主要物品特征相似的替代物，如将椅子当成汽车，积木当成望远镜，冰淇淋当成注射器。他们可以把自己想象、装扮成现实生活中的角色，如爸爸、妈妈、医生、经理、解放军等。他们通过动作和想象创造出新的情景，把狭小的游戏场地变成可以从事各种各样活动的广阔天地。总之，游戏中的角色、情节、玩具、材料均具有明显的虚构性，学前儿童是在虚构的游戏情景中反映周围的现实生活的。

从以上内容可以看出，学前儿童的游戏具有显著区别于其他活动的特征，符合这些特征的学前儿童活动就是学前儿童游戏。

三、学前儿童游戏的教育作用

（一）游戏符合学前儿童心理发展的需要

学前儿童好动、好模仿、精力旺盛，渴望参加成人的社会实践活动。但是，由于学前儿童知识经验贫乏，能力有限，还不能很好地控制自己，因此，学前儿童渴望独立参加实践活动这种新的需要，与从事这种独立活动的经验和能力水平之间产生了矛盾，而游戏活动正是解决这一矛盾的最好方法。在游戏活动中，学前儿童可以通过假想，装扮成各种角色，进行各种活动满足他们参加社会实践活动的强烈愿望，从而推动了他们心理向前发展。

学前儿童心理过程带有明显的具体形象性和不随意性。他们不可能像小学生一样从事正规的课堂学习，只能在游戏这种有趣的、无拘无束的具体活动中学习。游戏的趣味性大大增进了学前儿童对学习的兴趣和积极性，提高了学习的效率，因此，游戏有很大的教育价值。

（二）游戏能促进学前儿童身体发展

游戏中学前儿童身体各器官处于积极的活动状态，各种不同游戏的活动量大小不同，身体活动部位也不同，不仅促进了学前儿童神经、呼吸、消化、循环等各系统的发育，而且也促进了学前儿童动作的发展。学前儿童在奔跑、跳跃、攀登、钻爬等运动性游戏活动中，大肌肉动作和多种运动技能得到了发展，其协调性、灵敏度和平衡能力也得到了提高；学前儿童在摆弄、操作各种物品、材料的游戏中，小肌肉动作和技能获得了发展，手眼协调能力也得到了提高，为将来书写和阅读提供了必要的条件。

学前儿童在游戏中总是欢乐的，他们的情绪处于积极的状态中。这种轻松、愉快的心情，对学前儿童身心健康发展有积极作用。

（三）游戏可以巩固和丰富学前儿童的知识，促进其智力和语言的发展

在游戏中，学前儿童广泛运用原有的知识经验，这有助于巩固、加深学前儿童的知识。在游戏中，学前儿童要使用多种多样的玩具和材料，从而认识和掌握各种物体的性能和用途，了解事物之间的相互作用和因果关系，获得初步的自然科学知识。

游戏能够有力促进学前儿童的语言和智力发展。在游戏的全过程中。学前儿童都要用语言交流思想，商讨各种办法，这就促进了学前儿童语言的发展。在游戏中，学前儿童还要根据游戏情节，不断考虑用什么玩具，怎样把简陋的材料想象成为某种工具和用具等，这样就发展了学前儿童的思维力和想象力。以游戏作为手段，向学前儿童传授知识，发展学前儿童的语言和智力，具有生动活泼的特点，十分有效。

（四）游戏是对学前儿童进行思想品德教育、培养优良性格的有效手段

首先，在角色游戏中，学前儿童通过扮演角色，可以学习各种角色的优良行为。例如，学前儿童常喜欢扮演的角色有妈妈、老师、医生、售货员、警察、解放军等，扮演角色本身就包含着行为的榜样。学前儿童要模仿这些角色的劳动态度、言行、相互关系、待人接物的态度，体现他们的思想感情，并要根据角色的行为调节自己的行动，从而受到潜移默化的影响。一般来说，学前儿童在游戏中的行为表现都要高于他们日常的行为水平。例如，一个日常表现很不稳定，站不住、坐不住的学前儿童，在游戏中扮演了“交警”这个角色，他能够以交警的行为榜样要求自己，在岗位上持续站了二十多分钟，之后，他跑下“岗楼”想参加其他活动，但是当老师提醒“怎么没有交警指挥交通了？”他能够马上意识到自己的失职而返回“岗楼”，继续坚持指挥交通。其次，游戏有助于培养学前儿童的良好性格。在游戏中，学前儿童为了达到游戏目的，就要约束自己、克服困难、坚持工作，这有利于培养学前儿童积极主动、勇敢克服困难的优良品质，并对促进学前儿童意志行为的发展有重要作用。前面提到的学前儿童在扮演“交警”这一角色中的表现，也说明了这一点。大量事实表明，学前儿童在游戏中表现的心理活动的有意性水平比平时要高。游戏大都是集体的，都有规则，它对学前儿童的行为可起约束作用，为了实现游戏目的，学前儿童愉快地、心甘情愿地服从规则，并主动约束自己的行动，由此锻炼了控制自己的能力，促进了自我调节与随意性行为的发展。通过游戏，还可以针对学前儿童性格特点，进行个别教育。游戏是学前儿童最喜爱的活动，在游戏中可以调动学前儿童的积极性，愉快、自觉地克服自己的缺点，形成良好的性格。

总之，游戏可以缩短学前儿童掌握道德行为准则的过程。学前儿童在游戏中扮演角色，反复模仿和体验，这样提高了他们的道德认识，激发了道德情感，实践了社会道德行为规则，有利于他们在现实生活中掌握和形成良好的道德行为品质。

（五）游戏能促进学前儿童美感和美的创造力的发展

游戏是一种创造性的反映活动。在游戏中，学前儿童欣赏着自然界和社会生活中美好的事物，以及艺术作品中的美好形象，使用着艺术语言，从事着音乐和美术活动，这些都是培养学前儿童美感的活动；在游戏中，学前儿童还时常依据自己的意愿美化游戏环境，并用语言、动作、歌舞等方式表现美，创造美，这都有助于学前儿童审美能力和美的创造力的发展。

因此，游戏对学前儿童各方面的发展都有积极的促进作用。它是教师向学前儿童进行体、智、德、美全面发展教育的有力手段，教师应充分利用游戏对学前儿童进行教育。游戏是向学前儿童进行教育的主要手段，但不是唯一的教育手段，教师有意识地将游戏与上课、劳动等其他教育活动有机地结合起来，相辅相成，才能发挥教育手段整体影响的作用。

四、学前儿童游戏的种类

你知道吗？

游戏的分类是出于研究的需要，自然状态下儿童的游戏不以类别命名，孩子们会说："我们玩过家家吧"（角色游戏）；"我们来搭积木吧"（结构游戏）；"我们来打弹珠，来跳房子吧"（体育游戏）；"我们来猜谜语吧"（智力游戏）；"我们来玩《三只羊》吧"（表演游戏）。对游戏的分类研究，有助于我们理解学前儿童游戏时的不同技巧，但是这并不意味着我们必须通过分类，让学前儿童在同一段时间里玩同一种游戏。

资料来源：上海中小学课程教材改革委员会. 游戏活动[M]. 上海：上海教育出版社，2002.

（一）从学前儿童认知发展的角度分类

从学前儿童认知发展的角度对游戏进行分类，最早始于瑞士心理学家皮亚杰。游戏理论是皮亚杰发生认识论的重要组成部分，他认为学前儿童的游戏水平受其认知发展水平的影响，并与认知发展阶段相适应。学前儿童在不同的认识发展水平上会出现不同水平、不同类型的游戏。他把认知发展分为四大阶段。第一阶段为感觉运动阶段，从出生到约 2 岁。第二阶段为前运算阶段，约为 2～7 岁。前运算阶段又可分为两个时期：（1）前概念期，约为 2～4 岁，此期以出现符号功能和模仿为特点；（2）直觉思维期，约为 4～7 岁。自我中心思想是这一阶段的突出特点。第三阶段为具体运算阶段，约为 7～17 岁，这一阶段儿童出现了逻辑思维。第四阶段为形式运算阶段，约自 11 岁或 12 岁开始，到这一阶段，个体形成了完整的认知结构系统。

1. 感觉运动游戏

感觉运动游戏即机能性游戏、练习性游戏或实践性游戏。这类游戏主要由简单的重复动作组成，学前儿童只是为了获得愉快体验而单纯重复某种活动或动作，例如，摇铃、拍水、滚球、滑滑梯等（见图 1-2）。这种游戏的动因在于感觉运动器官在运用过程中获得的快感。

感觉运动游戏是游戏发展的第一阶段和最初形式，出现在 0～2 岁的感觉运动阶段，以后比例逐步下降，到 6 岁时，只占全部游戏的 14%左右。

案例链接

乐乐是一名三个月大的女孩。这一天妈妈要去洗乐乐换下来的衣服，就把乐乐头顶上氢气球的带子放在她的手腕上，她无意中挥动手臂，拉动了带子，气球就飘动起来。她被这种现象吸引住了，全身兴奋，不停挥动手臂，气球不停动来动去，如此循环，她更加兴奋，嘴里发出"啊啊"的欢呼声，直到妈妈快速洗完衣服赶过来，她还在玩得高兴着呢。

图 1-2　感觉运动游戏

2．象征性游戏（角色游戏）

象征性游戏是学前儿童以模仿和想象扮演角色，完成以物代物、以人代人为表现形式的象征过程，反映周围现实生活的游戏形式，如"骑大马"游戏（见图 1-3）。在这种游戏中，学前儿童可以摆脱对当前实物的知觉，以表象代替实物作思维的支柱进行想象，并会用语言符号进行思维。象征性游戏也可以满足学前儿童在现实生活中不能实现的愿望和要求，因此一般认为它具有了解学前儿童内心状态的诊断和治疗上的意义。

图 1-3　"骑大马"游戏

象征性游戏是学前游戏最典型的形式，是在前运算阶段出现的一种游戏类型。大约 2 岁时出现，4 岁后比较成熟（集体象征），5 岁后达到高峰，占全部游戏的 71%，6 岁为次高峰，占全部游戏的 65%。

3．结构性游戏

结构性游戏是学前儿童用各种不同的结构材料（积木、积塑、泥、沙、雪等）建构物体的游戏，如搭积木、插积塑、泥工、折纸、堆雪人、玩沙、玩泥等。

结构性游戏是我国幼儿园、托儿所最常见的一种游戏形式，出现在前运算阶段，幼儿 2 岁左右时发生。此类游戏一直开展至学前阶段，并且有随着幼儿年龄增长而增加的趋势：幼儿 3～5 岁时，此类游戏占学前儿童全部活动的 40%；4～6 岁时，占学前儿童全部活动的 51%。

4．规则游戏

规则游戏是一种由两人以上参加的，按游戏规则判胜负的竞赛性游戏，包括智力性质的竞赛（如下棋、打牌）和运动技巧方面的游戏（见图 1-4）。

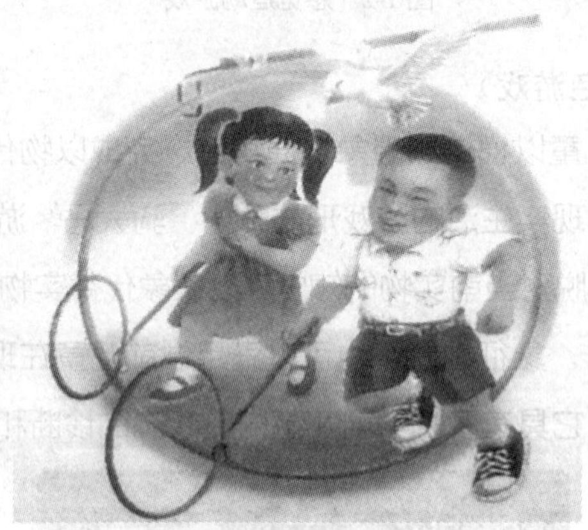

图 1-4　滚铁环

规则游戏多在四五岁以后开始萌芽，大量出现是发生在学前末期以后的具体运算阶段。当然，带有感知运动特点的简单的规则游戏在学前儿童初期就出现了，如猫捉老鼠、老鹰捉小鸡等。

（二）从游戏社会性的角度分类

社会性发展是学前儿童心理发展的重要方面，美国心理学家帕登根据学前儿童（2～6 岁）在游戏中的社会交往水平，将游戏划分为六类行为。

1．无所用心的行为或偶然的行为

学前儿童无所事事，独自发呆，并不实际参加游戏。他们或玩弄自己的衣服，或东游西荡，玩玩自己的身体，在椅子上爬上爬下，到处晃悠，目光飘移，有时偶尔看看他人，或碰到什么东西随手玩弄两下。

2．袖手旁观的行为

学前儿童大部分时间都是在看他人游戏，偶尔与他人也有交谈，有时提出建议或问题，但并不介入他人的游戏。

3．单独的游戏

学前儿童专心地独自玩自己的玩具，不注意也不关心别人的存在。

4．平行的游戏

学前儿童玩着和附近学前儿童相同或相近的玩具，但不与其他学前儿童交流。如两个人都在玩拼图，但是各玩各的，一个孩子的离开并不影响另一个孩子，他们会有相互模仿的现象，偶尔也会有少量的交谈，但相互间没有合作。

5．联合游戏

学前儿童与其他孩子一起玩，进行相似但不相同的游戏，例如，大家一起玩沙子，往往由于材料的借入或借出有交流和沟通，也会有动作的自发配合，但是彼此之间没有明确的分工与合作，缺乏对材料、活动的目的和结果的共同计划和组织。

6．合作游戏

合作游戏是社会性程度最高的游戏。这种游戏有共同的主题，参与者以集体共同的目标为中心，有组织、有分工。例如，大家一起搭建一个小公园，甲插小桥，乙插小花，丙插树……组合在一起就成为一个小公园。

以上六种行为中，前两种行为从严格意义上说不是真正的游戏，真正属于游戏行为的只有后四种。所以，后来许多研究者采用这种分类方法，将游戏只分为单独游戏、平行游戏、联合游戏和合作游戏四种。

（三）我国学前儿童游戏的分类

我国学前儿童游戏的常见分类见图 1-5。

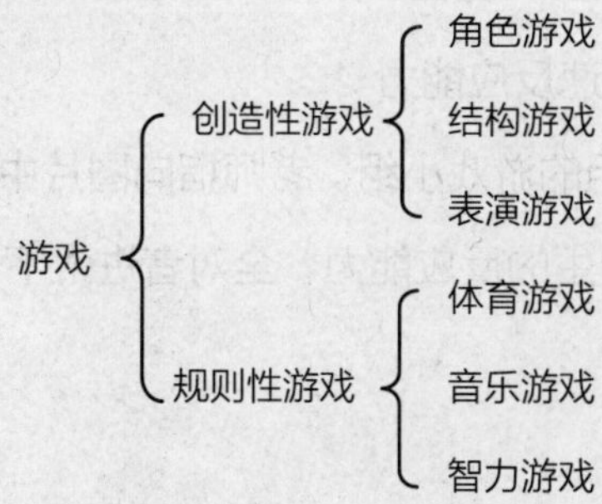

图 1-5　我国学前儿童游戏的分类

这种分类方法主要是长期受苏联游戏理论的影响，是建立在长期学前儿童教育实践和经验上的一种习惯性模式。

首先，根据功能游戏规则的内隐或外显，把游戏分为创造性和规则性两大类。创造性游戏的规则是内隐的，规则对游戏活动的制约是内隐式的，儿童在游戏中自由度较大，创造的“余地”也很大。规则性游戏的规则是外显的，规则对游戏活动的制约是公开式的，儿童必须严格按游戏规则开展活动，自由度较小，创造的“余地”也较小。当然，规则性游戏中也有创造性的存在。

其次，根据游戏形式和内容的差异，两类游戏又分别可划分为三种，即创造性游戏分为角色游戏、结构游戏、表演游戏；而规则性游戏则分为智力游戏、体育游戏和音乐游戏。

由于游戏本身具有复杂性和多样性，尽管以上六种游戏的分类方法、分类角度和分类标准各自不同，但是包含的具体游戏种类却有很多重叠和交叉之处，如有的游戏是具有两种游戏成分的融合，有的游戏既是角色游戏又是体育游戏，有的游戏既是结构游戏，又带有表演游戏的成分，所以很难用一种方法将全部游戏进行科学、合理的分类。

游戏活动演练

游戏 1：爱的抱抱（数学领域）

游戏目的：让学生感受游戏的快乐，初步学习口语表达的游戏规则及玩法。

游戏规则：全班同学分成 10 人为一组的游戏小组，每组站成一个圆圈，在音乐的伴奏下大家按逆时针方向走动。音乐停止时，老师说 2，就两人抱在一起；老师说 5，就 5 人抱在一起。无论抱在一起的是多了还是少了，都作为失败罚下场，等待下一场游戏，最后留在台上的就是胜利者。

游戏 2：说颜色（美术领域）（见图 1-6）

游戏目的：训练学生的快速反应能力。

游戏规则：分成 10 人一组的游戏小组。老师指向图片中每一个字，让学生说出字的颜色，速度由慢到快，训练学生的反应能力。全对者进入下一轮竞赛，说错者淘汰，哪组剩余人数最多为获胜组。

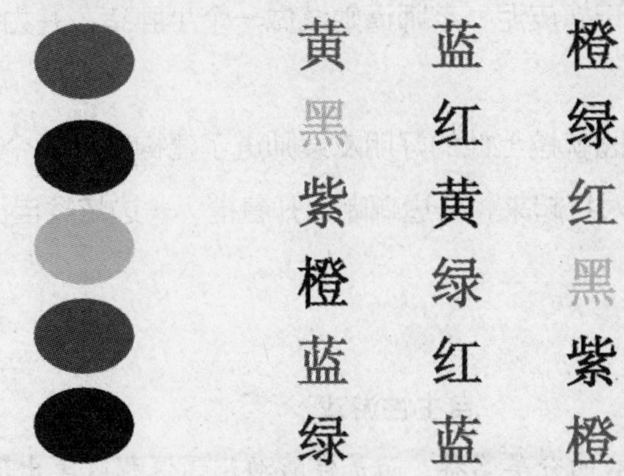

图 1-6 “说颜色”游戏

知识与技能检测

1. 简答题

（1）学前儿童游戏的特点是什么？

（2）学前儿童最典型的游戏是什么？这类游戏最突出的特点是什么？

2. 案例讨论题

阅读以下案例，假如你是中二班的主班老师，你将如何与家长沟通，让家长理解幼儿园的教学理念，明白游戏在幼儿成长过程中的重要性。

周一早晨，一群家长围在“中二班一周活动安排表”前，议论纷纷。

“怎么一天就上这么两节课？”

“一天有这么多的时间做游戏，玩还要这么长时间？”

“我们邻居家的小孩在××个体幼儿园，人家每天都上好几节课，孩子都认识好多字，会背古诗，还会做数学题，可你看，我们家孩子在这里每天除了玩就是玩，什么也不会！”

“就是，怎么这么多游戏？我花这么多钱送孩子上幼儿园就是来玩的？那还不如我在家陪他玩呢，可以省下好多钱。”

“这个幼儿园的老师可好干了，每天让孩子玩去吧，自己多轻松啊！”

“走，我们找老师问问看，如果她们不改变教学计划，我们就转园，不在这里上了。”

3. 请判断以下儿童行为是否是游戏

（1）明明在数学区里，拿起卡片，对应卡片上的数字夹夹子，夹好后立起来，数字小人就可以站好了，他看起来对自己的本领很自豪。

（2）今天莉莉选择的是玩橡皮泥，老师请她试做一个小胖猪，并为她提供了范例，莉莉就努力地做起来。

（3）浩浩早上一到幼儿园就拉上他的好朋友袁帅进了建构区，两个人分别拿了一把机关枪、一把手枪，接着就对打起来，一边嘟嘟地开着枪，一边炫耀自己的枪最厉害。

资料传真

自主性游戏

自主性游戏不是一种游戏的分类名称，而是伴随幼儿园课程改革出现的。从20世纪90年代开始，学前儿童的游戏活动越来越受到广大幼教工作者的重视，相关从业人员纷纷开展研究，探讨游戏的有关问题。针对幼儿园游戏严重存在"导演式"（学前儿童在游戏中只是被动的适应者）的教师"游戏学前儿童"的现象，北京、上海、广州、南京等地在研究的基础上先后提出了"自选游戏"、"本体性游戏"、"自由性游戏"等概念，并逐步在幼教界扩大影响。

自主性游戏是教师在了解学前儿童已有经验的基础上，引导学前儿童共同参与游戏环境的创设，为学前儿童提供丰富的游戏环境及均等的游戏机会；让学前儿童按自己的意愿自由选择游戏，以自己的方式进行游戏；在与材料和伙伴的相互作用中，让学前儿童共同分享游戏带来的快乐和学习彼此的经验，促进学前儿童主动性、独立性、创造性的发展。

自主性游戏具有以下特征。

1. 游戏计划的生成性

在强调自主性的游戏中，学前儿童有自己支配和选择游戏的权利，游戏计划不再是教师事先凭想象制订的，而是根据学前儿童在游戏中的表现、需要及存在的问题制订下一次游戏计划。在学前儿童的游戏活动中不断生成新的计划，可以使游戏的开展更能满足学前儿童的愿望和需要。

2. 游戏环境的多样性

由于游戏的主人是学前儿童，要玩什么游戏是学前儿童自己的权利，每个学前儿童的需要是不同的，因此，在游戏环境的创设上就应该体现开放性和多样性，才能满足不同学前儿童的各种需要，使学前儿童能够逐渐学会控制外部环境，学会自我适应，避免了因单一环境而限制学前儿童选择游戏的现象。

3. 教师角色的多重性

当学前儿童需要游戏材料时，教师是游戏材料的提供者；当学前儿童需要帮助时，教师是游戏的支持者和援助者；当学前儿童需要教师一同游戏时，教师是学前儿童游戏的伙伴和参与者；当学前儿童不需要教师介入时，教师是游戏的观察者；当学前儿童在分享游戏经验时，教师是倾听者和发问者。因此，教师在游戏中的角色是多重的，改变了过去教师在指导游戏中对指导的片面理解。

4. 游戏机会的均等性

均等的游戏机会能保证每个学前儿童在此时此地拥有平等的机会，自由选择想玩的游戏。改变了由于教师的指定和安排而人为造成“玩不到想玩的游戏”或“老师让我玩的”等现象，给学前儿童自主性的发展提供了可能。

第二节 学前儿童游戏的影响因素

游戏对学前儿童的身心发展具有非常重要的意义，科学指导学前儿童游戏是每一位教师和家长的责任，了解学前儿童游戏的影响因素是科学指导游戏的前提。

从性质上看，影响学前儿童游戏的因素包括物理环境因素和社会因素，它们共同构成学前儿童游戏的客观背景；学前儿童自身作为游戏的主体，其年龄、性别、个性等个体因素也会影响游戏的发展，它们构成影响学前儿童游戏的个体因素。

案例导入

一群孩子在玩“过娃娃家”，为角色分配争执了起来。“我要当妈妈！”“我也要当妈妈！”“每次都是你当妈妈，我也要当一次妈妈！”“可是只有一个娃娃，我们只能一个人当妈妈！”

在“建构区”，一群男孩几乎要打起来了，老师过来看了看，原来是一些男孩在搭建高楼，另一些男孩在建构飞机。飞机完成后，孩子们很兴奋，跳跃欢呼，不小心碰到旁边的人，把高楼给弄塌了。

思考与讨论：

1. 引起孩子们争执的根本原因是什么？

2. 发现影响儿童游戏的因素，对我们指导儿童游戏可以提供什么帮助？

一、影响学前儿童游戏的物理环境因素

物理环境因素是指游戏中物的因素，主要包括游戏场地、玩具材料、游戏时间等几个方面。

（一）游戏场地

1．游戏场地的空间密度对游戏的影响

游戏场地的空间密度是指每个儿童在游戏环境中所占的空间大小，即室内拥挤程度，其计算公式如下：

$$\text{空间密度}=\frac{\text{活动室的大小}-\text{不可用空间的大小}}{\text{儿童的人数}}$$

心理学家史密斯和康洛利在一项研究中，观察学前儿童在不同空间密度下发生的游戏行为。他们将空间密度分别设定为每个学前儿童平均 1.4 m^2、2.32 m^2、4.64 m^2 和 7.0 m^2。结果发现，当空间密度从 7.0 m^2 降到 2.32 m^2 时，学前儿童的大动作游戏如追赶、混战等明显减少，具有较高社会性和认知水平的团体游戏增加；当空间密度降至 1.4 m^2 时，攻击性行为增加，团体行为减少。因此，空间密度为 2.32 m^2 是有效的可利用空间。不同空间对学前儿童游戏具有不同作用，因此在有效空间内应经常调整空间密度，以便诱发游戏的各种功能。

2．游戏场地的空间结构对游戏的影响

游戏场地的空间结构指空间的开放与区隔，以及区隔的方式等。不同的开放与分隔区以及区隔形式对学前儿童均产生不同的影响。研究表明，开放性的游戏区域，便于学前儿童开展集体性规则游戏、平行游戏和大动作游戏；较小的区隔式的游戏场地便于学前儿童开展具有更高水平的认知性游戏和社会性游戏。所以，科学安排游戏场地将促进学前儿童游戏水平的提高。

3．游戏场地的地点对游戏的影响

游戏场地既可以在室内，又可以在室外，即户内和户外都可。

研究表明，如果给学前儿童自己选择的机会，年长的学前儿童比年幼的学前儿童更倾向于选择户外游戏，而且男孩比女孩更喜欢户外游戏，他们在户外游戏的时间和发生频率也高于女孩。另外，在户外游戏场地，较少发生角色游戏和建构性游戏。

4．户外游戏场地的类型对游戏的影响

根据游戏场地的结构特征可以将游戏场地分为传统游戏场地和现代化游戏场地。

传统游戏场地在我国幼儿园比较常见，经常是在场地上零星安放着一些固定的设备和器械，如翘翘板、秋千、转椅等，各种设备间缺少有机的联系。现代化游戏场地是由

专业设计师或建筑师设计，可以提供给学前儿童多样化的游戏设施和体验。

研究表明，不同的游戏场地引发的游戏不同。传统游戏场地多引发学前儿童的机能性游戏，有利于动作和大肌肉运动能力的展开。现代化的游戏场地因为各种运动设施之间组合成整体，而且各种设施有多种用途，因而能够更好地激发学前儿童的想象力、合作性等。

（二）玩具材料

1. 玩具材料的种类影响学前儿童的游戏行为

玩具按功能不同可以分为以下几种。

（1）形象玩具：娃娃、动物、充当医生、病人、交通工具、日用品；

（2）结构玩具：积木、积塑、橡皮泥、沙、雪或废旧材料；

（3）智力玩具：拼图、拼板、魔方、纸牌、各种棋类；

（4）音乐玩具：风铃、铃铛、口琴、小喇叭、小腰鼓；

（5）体育玩具：大型玩具、中型玩具（秋千、木马等）、小型玩具（跳绳、呼啦圈、橡皮筋、毽子、皮球等）；

（6）娱乐玩具：不倒翁等；

（7）某些日常物品或天然材料及自制玩具：废旧轮胎、各种包装盒、小瓶子、用旧布料缝成的小动物、用饮料瓶做成的小花等。

以上玩具中，前 6 种制作精美、功能确定、游戏的主题相对固定，这些玩具称为专门化玩具；日用品或天然材料及自制玩具则无固定的用途，其玩法也不确定，可称为非专门化玩具。

研究表明，玩具的种类不同，与之相适应的游戏种类也不同，学前儿童表现出的游戏水平也不尽相同。当学前儿童玩橡皮泥、黏土、沙子、积木、积塑等结构游戏材料时，更多的是非社会性游戏（单独游戏或平行游戏）；当学前儿童玩娃娃、小动物、医院玩具、交通工具等玩具时，则更多地表现出社会性水平较高的象征性游戏。另有一项研究表明，当提供给学前儿童的是炊具、餐具、娃娃等专门化玩具时，其游戏的主题仅仅限于“娃娃家”，一般都是做饭的内容；当提供给学前儿童的数量和大小相近的废旧材料时，游戏的主题多达 11 个，包括“娃娃家”、“医院”、“交通警察”、“孙悟空”等主题，而且在用废旧物品时更多地是进行象征性活动，比如在试验中，学前儿童用半个皮球代替锅、碗、帽子、蘑菇、船和小瓶子共同组成“小乌龟”等，共计 20 多种物品。由此可见，非专门化玩具因为功能与玩法不确定，给学前儿童想象力的发挥留出更多空间，游戏的情节更丰富，游戏的主题更富于变化。

2. 玩具的数量及搭配关系影响学前儿童的游戏行为（见图 1-7）

图 1-7　玩具数量及搭配关系对学前儿童游戏的影响

首先，玩具数量影响学前儿童游戏行为。观察表明，当学前儿童只有一个娃娃时，倾向于玩“娃娃家”的游戏；当其面前有几个娃娃时，更倾向于玩“托儿所”或“幼儿园”的游戏。一般而言，年幼的学前儿童对玩具缺乏独立的选择能力，具有较强的模仿性，故玩具数量少且外部特征明显时，更有助于游戏主题的稳定；而年龄大的学前儿童能够根据游戏主题从大量的玩具中选择自己需要的来开展游戏。

其次，玩具的搭配关系也会影响学前儿童的游戏行为。学前教育专家刘焱教授研究发现，如果只给学前儿童炊具、餐具等用具而不给学前儿童娃娃，则出现的主要是机能性游戏，较少出现角色游戏；当娃娃出现时，“做饭”不再单纯是“做饭”，而变成“给娃娃做饭”，游戏从机能性游戏变成了角色游戏，表现出大量的象征性行为。

由此可见，我们在给学前儿童提供玩具时不仅要注意玩具的数量，而且要注意搭配关系，更好地发挥玩具的系列化、联系性对学前儿童游戏和智力发展的作用。

（三）游戏时间

幼儿园都有相对固定、较长的的游戏时间，也有短暂的游戏时间。教师要保证学前儿童充足的游戏时间，因为充足的游戏时间是学前儿童游戏的首要前提。时间充足能够为学前儿童游戏提供较多统筹、安排的思考空间，因而游戏的水平较高。有时候学前儿童会在结构游戏结束后根据自己建构的结果发展出角色游戏或表演游戏。而在时间比较短暂的情况下，学前儿童无法统筹和编排游戏，也不能完全沉浸在游戏中，只能从事较低水平的游戏，不能很好地想象和创造，不能充分与同伴合作与交往，学前儿童体验不到游戏的快乐，甚至会挫伤学前儿童游戏的积极性。

二、影响学前儿童游戏的社会环境因素

社会环境因素是指影响学前儿童游戏的人的因素，主要包括家庭、同伴、传媒和课程等。

（一）家庭

1. 亲子关系

母亲与婴儿形成的早期的社会关系对学前儿童游戏的发生、发展具有重要的影响。首先，母子之间的亲子关系有助于游戏中社会性因素的发展。

案例链接

在一个温暖的午后，一个 1 岁多的女孩正在院子里玩积木，妈妈坐在旁边的椅子上温和地看着自己的宝宝。宝宝不时回头看一眼妈妈，妈妈则报以温柔的微笑，宝宝接着陶醉在自己的游戏中。

当宝宝再次回头看妈妈时，发现妈妈不在了，宝宝眼睛里充满了恐惧和不安，宝宝马上站了起来，刚想哭，只听“喵”的一声，妈妈从一棵树后露出了脑袋，宝宝破涕为笑，眼睛里充满了期待。妈妈继续藏，宝宝继续找，整个院子里充满了母女的欢声笑语。这次妈妈藏的时间长了一点，等再次露出脑袋时发现宝宝不见了，马上出来找宝宝，只见宝宝从另一棵树后探出脑袋也学着妈妈的样子发出“喵”的声音。

这一场景相信每一个人都非常熟悉，在母女这种“藏猫猫儿”的游戏中，孕育着社会性游戏的所有萌芽：卷入、轮流交替、等待、重复等，同时包括了作为游戏手段的表情、动作和手段。这种亲子关系为以后学前儿童社会性游戏的发展奠定了基础。

其次，母子之间的亲子关系有助于学前儿童与物之间的非社会性关系的建立。母子之间良好的社会性关系的存在有助于学前儿童与客观世界之间的非社会性关系的形成。一般来说，学前儿童对物的注意要晚于对人的注意，且是以成人为中介的。学前儿童与母亲在一起时，母亲会自然地将学前儿童的注意力引向某些物体。例如，母亲手中拿着一个玩具熊，当把它展示给学前儿童时，母亲会说：“宝宝看，这是什么？噢，一只可爱的小熊。”这样，以母亲为中介的学前儿童与物之间的关系形成了。

最后，母子之间的亲子关系为学前儿童的探索和游戏提供了安全感和强化作用。如

上述案例，在学前儿童专心于自己的游戏时，旁边的母亲就是学前儿童的“安全岛”，为学前儿童的探究和游戏提供了心理上的安全感，学前儿童可以更加积极地投入到游戏中。观察表明，当母亲在场时，学前儿童对玩具会表现出稳定而持久的注意；母亲一旦离开，学前儿童就会变得心神不宁。

2．育儿态度

育儿态度是指父母的行为特点和个性品质造成的对子女的养育方式。研究表明，学前儿童的游戏品质、对游戏的偏好以及游戏的风格等都不同程度地受家长育儿态度的影响。

一般将育儿方式分为四种：敏感型、放任型、专制型和民主型。在不同的育儿态度下成长的学前儿童其游戏行为表现出一定的差别。

敏感型——其特点是过度保护。这样的孩子在游戏时缺乏主见，他们更喜欢听从别人的安排，好模仿，也容易旁观别人的游戏。

放任型——其特点是放任自流，对孩子少加约束，对孩子既不关心，也不要求，更不理解。这类孩子在游戏中往往独立性、自主性较强，但缺乏必要的交往技能，以自我为中心，不能理解别人，与别人的合作性不强。

专制型——其特点是家长对孩子往往要求较高，求全责备，他们过度指责和专制的态度，往往使得孩子缺乏自信心。表现在游戏中，这类孩子不善于交往，自尊心较强，对人冷漠，喜欢独自游戏，在游戏中自我欣赏。

民主型——其特点是民主和谐，尊重孩子意见。这类父母在生活中既对孩子提出一定的要求，也注意倾听孩子的意见，尊重孩子的意愿。在这种民主和谐的家庭生活中，孩子比较成熟，善于交往，待人热情，在游戏中往往成为主要角色，游戏能力较强，爱玩社会类的游戏。

3．家庭结构

家庭结构主要是指家庭结构完整与否，即是完整家庭还是由于婚姻破裂导致的不完整家庭。研究表明，完整家庭的学前儿童比单亲家庭学前儿童开展想象性游戏的能力更强，游戏的内容更丰富。

4．家庭氛围

家庭的气氛对游戏的水平也有影响。研究表明，即使是父母双全的家庭，如果家庭成员间的关系不和睦，家庭气氛不和谐，父母缺乏对学前儿童的关心，也会导致学前儿童信任感和安全感的消失，进而影响学前儿童的游戏水平。而那些家庭关系和谐，能够给学前儿童以安全感的家庭中，学前儿童更倾向于积极探索物质环境，了解物体的性质和用途，更倾向于以积极的心态去做“假装”的游戏。

由此可见，家庭是学前儿童游戏发展的重要影响因素，家庭的结构、气氛以及家庭成员之间的关系等都会影响学前儿童游戏的发展，进而影响学前儿童身心各方面的发展。因此，作为家长应该更多地从学前儿童成长的角度，为学前儿童营造一个温馨、健康、积极向上的家庭环境。

（二）同伴

学前儿童在游戏中结成的伙伴关系是学前儿童世界的人际关系。学前儿童有无同伴、与同伴的熟悉程度、同伴的年龄以及同伴的性别都会对学前儿童的游戏行为产生不同的影响。

（三）媒体

当今社会是一个信息社会，书籍、广播、电视、电脑等媒体正成为学前儿童生活中不可缺少的组成部分。它们的出现和广泛应用，一方面给学前儿童提供了大量的信息，丰富了学前儿童的知识，另一方面也对学前儿童产生了一定的负面影响。

（四）课程

课程结构的不同对学前儿童的游戏会产生影响。幼儿园的课程模式按照其结构的严密性可以分为高结构课程和低结构课程。高结构课程强调教师在活动过程的组织和领导，课程实践活动均有具体的教育目标，活动内容都有严密的流程，教师作为组织者、调控者，控制整个活动过程。低结构课程强调学前儿童在活动中的自主性，在实践中目标比较模糊笼统，活动过程比较自由，学前儿童有更多自由选择的机会。

教学实践中我们观察到，在高结构课程中，建构性游戏或操作性游戏更为常见；而在低结构课程中，象征性游戏等社会性游戏更为多见。

游戏活动演练

游戏 1：踩影子

游戏目的：训练追逐跑和躲避的能力，让学生体会游戏场地大小对开展游戏的影响。

游戏规则：选择有阳光的日子，在室内和室外分别组织一次踩影子游戏，两人一组，可以是一人躲、一人踩，也可以是边躲边踩，训练学生的反应能力。

说明：此游戏既可作为幼儿园游戏活动，也可作为亲子活动。

游戏 2：无敌梅花桩

游戏目的：发展学生的平衡能力。

游戏材料：4 个旺仔牛奶罐制作的梅花桩 10 个。

游戏规则：10 人一组，单脚站在梅花桩上，计时 60（在幼儿园组织可把时间减少）秒，在规定时间内单脚或双脚没有落地的得分，反之不得分。

知识与技能检测

1．简答题

（1）影响学前儿童游戏的因素有哪些？

（2）在社会性影响因素中的育儿态度包括哪几种类型？各对孩子游戏产生什么影响？

2．案例讨论题

婷婷是最近刚转来的一名幼儿，她每天打扮得干干净净、漂漂亮亮地来幼儿园，老师和小朋友都非常喜欢她，尤其是开展游戏时，小朋友都争着邀请婷婷来自己的游戏区。可是婷婷像个高傲的小公主，总是不参与任何一组的游戏，只在一旁默默地看。时间长了，其他小朋友也不邀请她了，婷婷越来越孤立。老师观察了婷婷一段时间，发现她并不是不想参与伙伴的游戏，其他人在玩的时候，婷婷满脸的羡慕。老师就问婷婷："婷婷，为什么不和小朋友一起玩呢？""妈妈说……脏。"婷婷细声细气地说。

婷婷妈妈来接婷婷的时候，老师就和她谈了婷婷的表现，妈妈笑笑说："可能不熟悉，时间长了就好了。"过了一段时间，婷婷还是如此，老师就决定进行一次家访。当老师来到婷婷家，明白了一切。婷婷的父母特别爱干净，家里每天要用 84 消毒液消毒。婷婷在家不能乱动，要洗无数次手。妈妈还教育婷婷，幼儿园的小朋友太脏了，不要随便和他们拉手、搂抱。父母的教育影响着婷婷，才造成婷婷现在的状况。

老师和婷婷父母进行了一次深入的长谈，交流了婷婷现在的状况以及在成长中可能造成的影响，谈了自己的教育建议。婷婷父母这才醒悟自己的教育方式对婷婷的不利，决定和老师一起努力，让婷婷变成一个合群的、能与别人正常交流的女孩。

讨论：通过阅读以上案例，你认为婷婷父母对她的教育产生什么不利的影响？试分析家庭因素对学前儿童游戏的影响。

3．实训项目

项目一：收集童年时期最喜欢玩的 3 个游戏。

目的：理解游戏的特点。

形式：独立完成。

要求：写出游戏名称、游戏类别、游戏玩法、游戏价值。

项目二：制作“童年游戏”手册。

目的：体验合作的价值，分享不同类别的游戏。

形式：10 人一组合作完成，小组按“不同质”的特点进行分配。

要求：将相同或相似的游戏进行合并或改编；编辑游戏手册，力求美观、实用、有创意。（可结合美术中的绘本教学）

资料传真

室内游戏活动区角规划参考表

设置条件 游戏区	场地要求	必要设备	注意事项
角色区	宽敞，最好便于取水	角色区隔移动材料、仿真儿童家具、移动存储箱、陈列柜、挂物架	置于静与动的过渡带
结构区	宽敞，可考虑与娃娃家邻近，最好有地垫降噪	分类玩具架、移动存储箱、便于取放材料的小篮、小桌、托盘、展示台	相对独立、安静
表演区	宽敞，与音乐区靠近，并远离安静区	幼儿表演舞台、操作表演台（木偶表演架、桌面表演）、道具架或柜、镜子、简易灯光装置	儿童有充分的表演空间
语言区	光线较好而安静，与其他活动区隔离，接近电源插座	录音机、桌子、书架、舒适的椅子、席地而坐的地台、地垫；各类经典的图画书	独立设置，同类图书 3 册左右
美工区	宜设于安静区，且离水源较近处	材料架、桌子、展示板或台、画架、泥工板及工具、绘画工具、手工工具；艺术作品图鉴	有充分的展示预留区
科学区	安静区域，最好置于窗前，有较充足的阳光及流通空气，且为自然光线，便于幼儿观察	观察台、操作台、分类科学柜及材料、托盘、科普图书、科学挂图、实验结果展示墙	独立设置，最好每个人活动也相对独立；操作材料充足
益智区	安静区域，独立安置	分类材料架、操作台、托盘、知识故事、操作材料	独立设置
音乐区	与表演区邻近，远离安静区	琴、CD 机或录音机、磁带、光碟、打击乐器、服装、面具等道具	建立减噪常规
休闲区	安静、温馨	休闲椅桌或小房子	独立设置，2~3 人活动
公共储物角	不影响儿童活动，便于取拿的角落	归类储物箱、低结构半成品、自然物、废旧材料	注意清洁、整理和消毒

第二章

学前儿童创造性游戏活动设计

游戏是学前儿童学习的基本方式。学前儿童以游戏的形式拥有世界，与人交往，与世界对话。作为幼儿教师和家长，要创造机会让学前儿童尽情游戏，在游戏中探索、发现。因为在游戏中，学前儿童有着丰富的想象、充沛的情感、浓厚的兴趣、自发的意愿；在游戏中，学前儿童学会与人交往，理解他人，建立规则意识。在游戏中，学前儿童往往有着超乎寻常的表现，有自我探索、自我把握、自我超越的能力。作为未来的幼儿教师，你是怎么理解游戏与教学的关系？如何设计、组织、指导学前儿童的游戏？让我们带着这些问题开始本章内容的学习吧。

学习目标

知识目标：

1. 了解创造性游戏的生成与设计；
2. 掌握各年龄班创造性游戏的特点与指导要点。

技能目标：

1. 能根据学前儿童的年龄特点设计创造性游戏活动方案；
2. 能根据学前儿童的年龄特点对创造性游戏活动进行指导和评价。

第一节　角色游戏活动设计

角色游戏是指学前儿童按照自己的意愿，进行模仿和想象，借助真实或替代的材料，通过角色扮演，创造性地再现周围生活的游戏，又称象征性游戏。角色游戏是幼儿期典型的游戏形式，同时也是创造性游戏的一种。

案例导入

角色游戏时间，两个孩子为了收银员能不能在工作时间推销商品发生了争执，其他学前儿童也都围在一旁议论，有的说："收银员就是收钱的，不能推销商品。"有的说："有的超市里，收钱的和卖货的是同一个人。"……原本进行的"超市"游戏不得不暂停。

思考与讨论：

1. 作为教师，你如何处理孩子游戏中的纠纷，使游戏能够继续下去？
2. 你认为是什么原因导致孩子做出角色扮演的选择呢？

一、角色游戏的生成

（一）游戏主题的生成

角色游戏是学前儿童对现实生活认知的反映。学前儿童在家庭和幼儿园的生活经验都有可能表现在游戏中（见图 2-1），但学前儿童游戏主题的产生却具有偶发性。教师要善于抓住学前儿童游戏的兴趣，根据学前儿童的游戏意愿自发生成游戏主题。

图 2-1 “喝茶”游戏

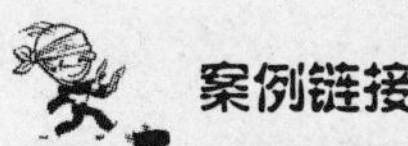

案例链接

国庆节期间，中二班的陶陶与父母逛商场时走散了，幸亏商场保安及时发现并播报了通知才使其与父母会合。事情发生后，陶陶的爸爸强烈要求班级对孩子开展安全教育，尤其要求老师教育孩子在与父母走失后如何报警，或者是独自遇到坏人时应该怎么办。于是，中一班开展了有关“公安局”的主题活动，告诉幼儿如何报警。“公安局”主题的游戏便在这样的背景下产生了。

对于学前儿童自发生成的游戏主题，教师要宽容对待。由于这种游戏主题的产生不在教师预设的范围内，组织起来可能具有一定的挑战性和难度，但学前儿童才是游戏的主人，只要是合理的游戏主题，教师都应该尽可能地提供游戏材料，支持学前儿童游戏的开展。

（二）游戏情节与内容的生成

学前儿童在游戏中会根据自己的生活经验生成一些新的游戏情节与内容（见图 2-2）。对此，教师应该持包容的态度，只要游戏情节和内容合理，就应该支持学前儿童的游戏。

案例链接

中班的宁宁最近感冒，请假输了三天液。病好后来幼儿园，她的首选游戏就是医院的游戏，并且乐此不疲，非常热衷于当医生。每次游戏一开始，她就指挥其他人：“你来当病人，你来当护士”，然后自己穿上白大褂，对来看病的小朋友摸摸额头，并戴上听诊器听听呼吸，拿起笔，说：“有点发烧，输个液吧，回家后注意多喝水，多吃青菜。

下一个。”

此时的宁宁把自己去医院看病的情景再现，完全是根据自己的生活经验生成了游戏。

图 2-2 “烹饪”游戏

此外，学前儿童在游戏中遇到的问题、困惑或纠纷等，在教师的引导下也有可能生成新的游戏内容。

案例链接

一个小朋友在角色游戏中找不到适合的角色了，他悲悲切切地对老师说：“我没地方上班了。”于是老师教他一个词：失业。可他对“失业”抱无所谓的态度，于是老师接着说：“我每天上班，而你没地方上班可怎么办呢？”听老师这么一说，他决定马上找工作，但这并不容易。过了一会儿，老师问他：“你会修鞋子吗？”“会！”他回答，“会修背包、电视机吗？”他一下子给老师报出了许多他会修的东西，于是老师脱了一只鞋子给他，他真的到角落里去修，临走时，他还说：“算了，我就开个修理店吧！”就这样，角色游戏中增加了“修理店”的内容。

资料来源：上海学前教育网 http://www.age06.com/

二、角色游戏活动设计

角色游戏活动设计是组织角色游戏的基础，学习游戏教学技能，必须先学会游戏方案设计，掌握方案设计的步骤。本着以孩子为本的原则，方案编写要注意年龄、儿童的知识经验水平、游戏价值、过程的组织指导、结束后的评价等环节。

游戏设计范例

小班角色游戏：认识玩具

【游戏活动设计意图】

初进幼儿园的小班学前儿童喜欢玩角色游戏，在面对教室里琳琅满目的玩具时，会忍不住摆弄摆弄，在与玩具的“交流”中，他们会很简单地模仿成人的一些动作，比如，抱着娃娃的学前儿童会去找碗、调羹喂娃娃吃饭；玩做饭的学前儿童会不停地炒啊炒……与此同时，学前儿童还会出现一些相当简单的语言，比如，“你别哭!”、“你吃呀。”等。当然，有些小班学前儿童在游戏中会旁观别人的游戏，或者自己拿着玩具不玩耍而愣愣地看着别处，这是小班学前儿童在游戏中常常可以观察到的现象。因此，为学前儿童提供较多的、形象逼真的玩具，鼓励学前儿童大胆玩耍是教师的主要任务。

【游戏活动目标】

（1）让学前儿童认识幼儿园的玩具，喜欢幼儿园的玩具。

（2）让学前儿童愿意在游戏中大胆地按意愿玩耍。

【游戏活动准备】

为小班学前儿童提供形象、逼真的角色游戏材料，但不要太复杂，且玩具的数量要多。

【游戏活动过程】

1. 自由选择

教师观察学前儿童是否在已经创设的环境中自由选择活动区域。学前儿童自己走进活动区按兴趣摆弄喜欢的玩具，教师应给予肯定。教师还要观察那些游离在外的学前儿童，适当地为他们介绍一些玩具引发他们的兴趣，甚至带领他们一同游戏。

2. 自主展开

教师以观察学前儿童的动作、语言作为重点，采用极其欣赏的心态观察学前儿童，如喂娃娃吃饭、修理玩具，给娃娃打针等。在游戏过程中，教师还要不断地与学前儿童交流，用交流解释学前儿童的行为，帮助学前儿童进一步理解生活，模仿成人劳动。比如，教师说：“你是这个娃娃的爸爸吗？你很喜欢娃娃的，是吧？”“娃娃病得很厉害，所以你给他打针，对吗？”……让学前儿童在这样的语言中能逐渐了解自己的角色身份，也能从中慢慢明白自己的行为、语言和角色身份的关系。

3. 自发交流

教师创设宽松的环境让学前儿童讲述游戏中的事，比如，讲讲游戏的角色身份。教师可以告诉学前儿童：“这个小朋友手里拿着听诊器，她是谁呢？”“我是医生。”教师还可以让大家一起向她问好：“医生好！”参与游戏的学前儿童会在同伴的问候中得到心理满足。

4. 活动结束，总结评价

资料来源：上海学前教育网 http://www.bge06.com/

中班角色游戏：娃娃服装店

【游戏活动设计意图】

中班学前儿童已经具备了一定的角色游戏经验，在游戏中同伴之间也能合作开展游戏，但合作水平不高。为了进一步提升学前儿童对游戏的兴趣，设计了本次活动。

【游戏活动目标】

（1）培养学前儿童参与角色游戏的兴趣，积极开展“服装店”游戏主题，并从中体验游戏的乐趣。

（2）学前儿童在初步了解服装买卖过程的基础上，继续大胆模仿成人的工作，并根据游戏的需要进一步发展新的游戏情节，如增设服装店的加工厂、为顾客定做服装、修改服装等。

（3）培养学前儿童遇到困难或问题时积极思考解决问题及合作协商的能力。

【游戏活动准备】

娃娃服装实物若干、一些自制服装的材料（旧挂历纸、白纸、剪刀、蜡笔、水彩笔等）。

【游戏活动过程】

一、引出游戏主题

师：“（出示玩具娃娃）新年就快到了，我要给我的娃娃买套新衣服，让她过新年的时候打扮得漂漂亮亮的。小朋友，你们说，我去哪里买好呢？（引导学前儿童说出：“服装店。”）你们知道服装店里都卖什么东西呢？你们是怎么买的呢？”

二、布置场景

教师带领学前儿童一起布置游戏场景，特别是帮助服装店的学前儿童布置柜台，引导他们分类摆放，并将衣服、帽子等展示出来，或折叠好后放在柜台上，要求放得整齐、美观。

三、学前儿童游戏，教师巡回指导

1. 以角色的身份参与游戏，随机对娃娃服装店进行指导

（1）组织在娃娃服装店工作的学前儿童讨论：服装店应该有哪些工作人员？并根据学前儿童的意愿让他们自由扮演角色进行游戏。

（2）进一步引导学前儿童考虑如何扩大服装店的影响，如为服装店做广告；扩大服装店的规模；满足众多顾客的需求，开设一个服装加工厂等。

2. 以顾客的身份参与游戏进行指导

（1）进入娃娃服装店，师："你们好！请问你们这里卖什么呀？有卖小孩衣服的吗？这里的娃娃服装柜台在哪里呢？"（引导学前儿童热情接待来店中的顾客。）

（2）师："请问你这是娃娃服装柜台吗？你这里有什么服装？有什么新货呢？"

（3）师："我想买件 1 岁小孩穿的衣服，你这里哪些衣服合适，你能给我介绍介绍吗？"

（4）师："我对这件衣服的款式、颜色都挺喜欢的，就是觉得袖子太长了点，你说怎么办呢？"（引导学前儿童提出他们可以帮顾客将衣服拿到他们的服装加工厂改一下的建议，并可以满足顾客的各种需求。）

（5）师："我想买很多件同样款式的服装，你们这儿有足够的货吗？"（引导学前儿童提出可以让他们的服装加工厂设计制作出一批服装的想法。）

四、组织学前儿童讲评

讲评时可围绕游戏主题、游戏内容、学前儿童在游戏中的表现等进行评价，评价方式可以是教师评价，也可以是学前儿童自评或师幼互评。

五、组织学前儿童收拾整理游戏材料

资料来源：中国学前教育网 http://web.preschool.net.cn/

大班角色游戏：开心超市、娃娃餐厅

【游戏活动设计意图】

大班学前儿童具有较丰富的经验，也积累了一定的生活经验，但跨区域游戏水平仍欠缺，且他们对角色职责的认识还不够清晰，游戏活动中的规则意识仍有待提高，故设计了本次活动。

【游戏活动目标】

（1）引导学前儿童进行游戏，让学前儿童明确角色职责，在活动中能遵守游戏规则。

（2）引导学前儿童模仿成人的劳动，体会劳动带来的辛苦与快乐。

（3）培养学前儿童在游戏中的积极性和主动性。

【游戏活动准备】

（1）开心超市：货架、收银机、纸钞、各类食品包装袋、饮料罐子、化妆品盒子、纸盒箱子。

（2）娃娃餐厅：货架、餐桌、蒸笼、各类食品。

【游戏活动过程】

1. 教师小结角色游戏《开心超市》情况，对本次活动提出要求

师："在《开心超市》游戏活动中，我们选出了个别小朋友来做理货员的角色，这几个小朋友做得非常好，在活动中能将货架整理得非常整齐，顾客也十分满意他们的服务态度。在这次活动中，希望你们继续保持，并且能做得更好。"

2. 教师引导学前儿童明确各个角色的职责

（1）提问。

① 超市里有哪些工作人员？

② 理货员做哪些事情？

③ 收银员做哪些事情？

④ 顾客应该怎样购物？

（2）教师引导学前儿童开展讨论，大胆讲述。

（3）学前儿童自由选择角色开展游戏活动。

（4）学前儿童进行游戏，教师巡回指导。

教师以"经理"的身份参与游戏，对学前儿童进行指导。教师重点指导"理货员"和"收银员"的工作，同时提醒"顾客"在选购物品时注意不要的物品要放回原处，不要随处丢弃，结账时要排队等候，不要插队，遵守游戏规则。

3. 师生共同收拾、整理场地，结束活动

4. 组织学前儿童进行评价，并评选出"最佳顾客"和"最佳服务员"

资料来源：育星幼教网 http://www.gz61.com/

三、角色游戏的基本特点与指导

（一）小班角色游戏的特点与指导

1．特点

小班学前儿童游戏水平较低，还处于独自游戏和平行游戏阶段，喜欢和同伴玩同样或相似的游戏。教师可提供足够数量的同类玩具或游戏材料，以满足学前儿童的游戏需要。同时，游戏材料的种类不宜太多，以免学前儿童因材料种类过多而不知如何选择。此外，这个时期的学前儿童游戏目的性不强，游戏没有明确的主题，往往喜欢重复某个单一动作，游戏情节简单，角色意识不强，且游戏时间较短。例如，“娃娃家”家里的“妈妈”一直抱着娃娃摇来摇去，听到“菜市场”传来说话声，就将“娃娃”往腋下一夹去买菜了，买了一根萝卜，却把娃娃丢在“菜场”货架上，又到“医院”去当“医生”了。

2．指导要求

游戏重点在于增强学前儿童的角色意识。教师指导学前儿童运用玩具、材料扮演最熟悉、最感兴趣的角色，如家庭成员、司机、银行工作人员（见图 2-3）等，指导学前儿童认识扮演角色的名称，让学前儿童模仿角色的典型行为和语言。同时，教师要引导学前儿童开展一些平行游戏，使其学会与同伴交往，并注意培养他们的游戏规则意识，以提升学前儿童的游戏水平。

图 2-3　扮演银行工作人员

3．指导要点

（1）创设主题游戏环境，提供形象玩具和材料。同一主题、同一种类的游戏材料要有足够的数量，便于学前儿童开展独立游戏和平行游戏，避免因玩具不足引起争吵。提供一些必要的角色标志，如司机的方向盘、妈妈的围裙、医生的白帽和白大褂，这些标志可以提示学前儿童扮演的角色身份。

（2）在游戏过程中，教师要不断提醒学前儿童扮演的角色身份，启发他们回忆已有的表象和经验，引导他们通过角色的积极活动表现角色的特点。例如，教师启发当“妈妈”的学前儿童思考：“你妈妈在家做什么？还做什么？”在教师的帮助下，这位“妈妈”表现出上班、下班、烧饭、带娃娃的情境。

（3）允许学前儿童在游戏中平行地扮演相同的角色。这种情况的出现是自然的，教师不应过多干涉，如两名学前儿童，同时都要当“妈妈”，不必只许一个学前儿童当“妈妈”，另一个当“爸爸”。

（4）教师要以角色身份介入学前儿童游戏。

案例链接

容容（2岁6个月）用手在一大团橡皮泥上拽了一小块，放在手心里搓了一个长条，继续搓时，长条断了。她又拽了一块橡皮泥，还是那样搓，搓着搓着又断了，桌上已经有好几段长条。容容把这些长条放在一起，东张西望。这时，老师坐到容容身边，也拽了一块橡皮泥开始搓。容容看到老师也来玩橡皮泥，显得很高兴。老师也像容容一样搓了一个长条，同时嘴里说：“长长的一条。”容容看着老师，不做声。老师继续说：“我要变戏法了。”说着把长条的两头接起来。容容说：“变圆圈圈了。”老师又说：“我再变一个。”说着把圆圈交叉呈 8 字形。容容说：“两个圆圈圈。”接着老师又变了一下花样，容容高兴地说：“一只小鸟……”老师要走了，但容容要老师再变一次，老师说：“明天老师再变给你看，好吗？”临走时，老师在桌上留了一条搓好的长条，说：“你会变吗？”容容又开始搓长条了，这次她也在长条的基础上变起了花样，一会儿说是昆虫，一会儿说是娃娃，一会儿说是奶瓶，还变了一个苹果，尽管看上去四不像，但是她很得意。

资料来源：上海中小学课程教材改革委员会.游戏活动[M].上海：上海教育出版社，2002.

（二）中班角色游戏的特点与指导

1．特点

中班学前儿童处于联合游戏阶段，其角色游戏水平较之小班有明显提高，不仅游戏情节丰富了，而且游戏时间延长了。但是，中班学前儿童的角色游戏情节总的来说还是较为简单，虽然他们的角色意识增强了，可游戏主题持续的时间不长，喜欢频繁更换主题。该阶段的学前儿童已经有了与他人合作的意识和同伴交往的愿望，但缺乏合作技巧和与同伴交往的技能，因此常常在游戏中与同伴发生纠纷。

2. 指导要求

对于中班学前儿童，教师可拓展他们的知识经验，引导学前儿童丰富游戏主题和游戏情节，学会分配角色。由于中班学前儿童已经具备一定的游戏经验，教师还可提供半成品的游戏材料，鼓励学前儿童动手探究，培养学前儿童的创新能力和动手操作能力（见图 2-4）。

图 2-4 烧烤游戏

中班学前儿童的语言表达能力较之小班有明显提升，教师可引导和鼓励学前儿童自己解决游戏中的纠纷和矛盾，提升学前儿童的人际交往水平，同时，在游戏中注意观察学前儿童游戏的情节及发生纠纷的原因，以平行游戏或合作游戏的方式指导游戏的进行。此外，中班学前儿童已经具有一定的自主性，教师还可引导学前儿童自己制定游戏规则，尝试评价游戏的过程和结果等。

3. 指导要点

（1）教师根据学前儿童熟悉的社会内容创设游戏环境，并提供可用于替代的材料，如积木、油泥、饮料瓶、雪糕棍、羽毛等材料，鼓励学前儿童根据主题、情节的需要自制玩具，还可以通过提问“干什么”、“需要什么”、“想想看怎么办”等，激发学前儿童的兴趣。

（2）有计划、有重点地指导学前儿童角色游戏开展过程中的各个环节，提高游戏的目的性。教师可以采用一般指导与重点指导相结合的方式，在一段时间内重点解决一些主要问题，如启发学前儿童按自己的意愿提出游戏主题，商量游戏规则，合理分配角色，构思情节，并培养先构思后行动的能力，如游戏前想好“怎么做”、“先做什么”、“后做什么”等。

（3）教师继续以扮演角色的方式影响学前儿童的游戏。

（4）鼓励几个学前儿童一起游戏，可通过启发学前儿童增加游戏角色，加强角色间的联系和交往，帮助学前儿童明确角色的职责，充实游戏内容，逐步完善游戏规则，但不宜让过多的学前儿童参加一个主题游戏，宜分成小组玩各种主题或相同主题的游戏。

（5）组织学前儿童进行讨论式评议、现场评议等活动。鼓励学前儿童发表看法，解决游戏中出现的问题，提高游戏水平。

案例链接

在“着火了”的角色游戏中，几个孩子开着“消防车”忙着救火。这时，天天跑去对老师说：“救火要用水龙头管子，老师，我们找不到管子。”老师说：“我们一起想办法吧。”于是老师和孩子一起到“百宝箱”中找。这时，泽泽说：“有了。”只见他用一张旧报纸卷起来塞进了保鲜膜的圆筒里，其他孩子照着他的样子做管子向厨房喷水，不一会儿，只听他们在喊：“火没有了，火没有了。”随着游戏情节的发展，孩子们不仅能以物代物，在老师的提醒和指导下，还能对游戏材料进行创造发明。旧报纸和圆筒的游戏材料在孩子们的组合下变成了消防员救火的水龙头管子，成功地完成了水龙头的替代和制作，使游戏主题和情节丰富了起来，满足了孩子角色装扮的需要。

资料来源：上海学前教育网 http://www.age06.com/

（三）大班角色游戏的特点与指导

1．特点

大班学前儿童处于合作游戏的水平，他们的游戏情节丰富、主题多样。学前儿童除了能理解角色游戏中各角色的社会职责外，基本上也能按照社会约定俗成的要求扮演好角色，且能反映较为复杂的人际关系。该阶段的学前儿童基本能够按照自己的意愿主动选择游戏主题，并有计划地做游戏，游戏规则也较为复杂。他们不再拘泥于各自的独自游戏，而是迫切希望能与同伴合作游戏，且个别能力强的学前儿童还具备一定的协调与领导能力，游戏水平较高，在游戏遇到困难或纠纷时也能独自解决，具有较强的解决问题能力。

2．指导要求

对于大班学前儿童，教师可进一步培养学前儿童的游戏自主能力和动手探究能力，鼓励学前儿童之间进行更深层次的交流与合作，提升学前儿童的同伴交往技能和合作水平。在对学前儿童的角色游戏进行指导时，教师可以多用建议、询问等语言形式的指导方法指导学前儿童的游戏，同时给予大班学前儿童一定的自主空间，将游戏的主动权还给学前儿童，除了让他们自己选择游戏主题外，还可让学前儿童自己解决游戏中的问题。在游戏评价环节，以学前儿童自评或学前儿童互评为主。鼓励学前儿童在游戏中的创造，通过讲评，充分地讨论问题、分享经验，学会学习和创造。

3．指导要点

（1）提供游戏的时间、地点、材料，要求学前儿童集体讨论，提出自己的意图和设想，确定主题和游戏计划，鼓励学前儿童实现这些计划。

（2）教师更多地以语言建议的方式介入游戏，适时给予帮助和指导。教师的帮助不要出现得太早，要在学前儿童付出努力以后，再重点促进学前儿童集体游戏的开展、增进学前儿童间交往、提高解决问题的能力等方面进行指导。

（3）进一步促进游戏中学前儿童的目的性、主动性、坚持性的发展。

（4）评议活动在大班指导中占重要地位。随着学前儿童自我意识、自我评价能力的发展，学前儿童乐于对自己、对他人的言行做出评价，但往往对自己的评价过高。教师要组织学前儿童在轻松、愉快的气氛中进行评议，运用集体的力量对好的行为给予表扬，对不良行为提出改进办法，并对评议做出恰当总结。

案例链接

在“小小图书馆”的游戏讨论中，运用询问式语言引导孩子从不同角度思考问题，表达自己的想法、建议。老师问：“今天你们在图书馆里最大的快乐是什么？”这个问题能让孩子回忆游戏情节，并且学会与人分享快乐。老师又问：“还有什么困难要大家帮助？”学前儿童会对开放图书馆需要的材料、注意事项，如何进行图书借阅等存在的一些问题提出来，当老师问：“你有困难要大家帮助吗？”涛涛说：“有的小朋友看书时把书弄脏了怎么办？”大家就这个问题进行讨论，商定规则。这一问题的提出能鼓励孩子勇敢表达自己的想法，主动寻求帮助，既有利于孩子合作解决问题能力的培养，又有利于促进游戏情节的发展。老师再问：“你还有什么建议要告诉大家？”参加“小小图书馆”的孩子对图书馆的使用、清洁都有自己的想法，问题的提出又给孩子提供了一个发表建议，展示能力的机会。（询问式语言）

案例链接

在玩“娃娃家”时，孩子们已经分配角色：露露当妈妈，诗诗当孩子，滔滔当爸爸，单单扮家里的小狗，只有欣欣不知扮演什么角色，露露用渴望的眼神看着老师，似乎非常需要老师的帮助。老师说：“你们想不想让家里更热闹些？能不能考虑再要一个小宠物呢？”露露高兴得跳起来：“好吧，好吧，你来扮小狗，你是妈妈的小狗，他是爸爸的小狗。”欣欣非常愉快地找到自己扮演的角色，立刻“趴”在地上，学了几声狗叫，然后，一家五口人旁若无人的去“散步”了。（建议式语言）

四、角色游戏活动的组织与实施

（一）游戏准备

1. 游戏经验准备

针对游戏主题，丰富学前儿童的相关经验。

（1）通常利用参观、教学的方式。例如，带领学前儿童参观医院回来，可以询问他们这样的问题：“人为什么要去医院？”、“医院有哪些科室？”、“医生看病时会问什么问题？”、“病人怎样回答？”等等。进而使学前儿童了解看病的基本程序：挂号→看医生→药房。又如，可以让父母带领学前儿童熟悉居住社区的资源设施。

（2）重点提示：丰富学前儿童相关游戏经验，引导学前儿童重点关注环境中的人是怎样活动的，而不只是关注环境。因为学前儿童重点模仿的是环境中的人的动作行为，他们需要通过人的互动反映现实。

2. 游戏准备

每个游戏区域提供不同材料。

（1）以区角为游戏的切入点。例如，美发店固定洗、剪吹的区域，顾客排队或休闲的地方就可以让学前儿童临时利用桌椅、建构物搭建，充分利用阳台、走道提供宽敞的场地。

（2）提供丰富多样的游戏材料。教师可提供部分逼真的玩具，如服装、听诊器、餐具、化妆品等。

中大班学前儿童和教师一起自制游戏需要的材料，既可及时更新游戏材料，又可调动学前儿童的积极性、主动性和创造性，提高学前儿童的自信心。

（3）新增材料：下次游戏可根据游戏情节的发展，提供学前儿童需要的材料。

（4）游戏材料准备要注意的问题。

① 注意年龄的层次性。

小班：提供种类少，但同一种类数量较多的成型玩具，避免学前儿童因相互模仿而争抢玩具。

中班：提供大量且富有变化的材料，鼓励学前儿童不断丰富主题（积木、橡皮泥）。

大班：提供可变性较高、种类多、数量相对少的各种游戏材料，并与老师一起自制需要的游戏材料，满足学前儿童与同伴交往中快乐的需求。

② 游戏材料是可以自由支配的。

（5）提供充足的时间。游戏问题的讨论、游戏角色的分配、游戏场地的摆放、游戏情节的展开、游戏结束后的分享都需要较长的时间，教师要提供给学前儿童充足的游戏时间，保证游戏顺利、深入、自主地开展。

（二）游戏过程

1. 经验回顾

（1）涵盖的内容。

① 了解游戏区域的角色和职责（第一次游戏）。

② 围绕问题开展讨论（第二、第三次游戏）。

（2）经验回顾的基本方式：看录像或照片；围绕问题记录表讨论；观察模仿。

（3）根据游戏内容与学前儿童游戏发展状况，灵活运用不同的经验回顾方式。

① 如果游戏内容涉及认识成分较多，就多使用讨论、谈话、演示等方法。

② 如果游戏内容偏于社会角色行为，则多使用观察模仿、讨论评定角色行为等方法。

注意：回顾的内容要在具体的情境中，要突出本次游戏的重点与难点，以便引发学前儿童思考，使直接经验和间接经验相互作用，让游戏内容、教师、学前儿童和社会环境处于互动状态中，在不断思考中真正构建学前儿童的游戏经验。教师的提问要注意层次性、导向性、议论性和评价性，激发学前儿童产生社会认知冲突，从而实现游戏目标。

（例如，教师可以让学前儿童思考：在超市里看到了什么？在超市里顾客是怎样买东西的？工作人员是怎样为顾客介绍商品的？还可以针对超市中不文明的行为进行评价，这样的表达有助于学前儿童对新的感知对象的认识。）

2. 快乐游戏

（1）涵盖的内容。

① 分配角色，进入游戏区域，摆放物品。

② 学前儿童自主游戏，教师观察指导。（教师选择合适的时机介入游戏。）

③ 听信号结束游戏。

④ 教给学前儿童交往的技能与合作方法。

- 直接讲解：如面带微笑，使用礼貌用语；
- 间接讲解：通过反面事例，让学前儿童讨论，最后引出交往技巧——与人协商。
- 合作方法：可以用表扬、榜样、强化的方式指导学前儿童合作。开展游戏前，应与大家一起商量，分工合作；遇到问题要协商解决；当材料不足时，可以轮流或共同使用；当自己遇到困难无法解决时，可以主动寻求同伴或教师的帮助等。通过这些具体的合作情景，帮助学前儿童掌握合作的方法。

⑤ 结束游戏。

- 游戏时间快到时，提前提醒学前儿童，以便做好结束游戏的准备。
- 选择好游戏结束时机，最好是在学前儿童兴致转低但还保留游戏兴趣的时候。
- 游戏结束的形式注意趣味性。如超市到点要关门了，影楼下班时间到了。

（2）本环节重点指导方面。

围绕本次游戏目标与游戏中出现的问题进行指导。教师要预设游戏中学前儿童可能会出现的问题。

3．分享交流

（1）让学前儿童畅谈游戏中解决问题的成功经验，体验成功感，增强自信心。分享自己在扮演社会角色时如何履行角色职责，感受遵守符合角色规范的社会行为的重要性。教师要帮助学前儿童梳理、提炼游戏经验。

（2）留有游戏余兴。教师引导学前儿童回忆并发现游戏中出现的新问题，并鼓励学前儿童对出现的问题提出好的解决办法，以及下次游戏还需要哪些方面的帮助，需要增加哪些材料等。

（3）收拾游戏材料和场地。

注意：引导学前儿童收拾玩具时注意年龄特点。小班培养收拾整理游戏材料的意识，以教师为主，引导学前儿童给予部分帮助。中班培养收拾整理游戏材料的能力，教师只在必要时给予帮助。大班培养学前儿童独立整理游戏材料的能力，教师给予一定的督促。

案例链接

晓钰老师的游戏开展设有幼儿园、娃娃家、快购（超市）、理发店、银行、加工厂、好味道（小吃店）7个主题游戏。游戏以加工厂下订单——孩子们到工厂打工——领到与自己工作相应的工资卡——到银行兑钱——去各个游戏点消费为主线。在游戏中，加工厂的订单以算式（如 5+3= ）出现，孩子们加工完成后，按订单交货领取工资卡（10 以内扑克牌），工资卡到银行兑现（分别为 10、5、2、1 面额的银行练功券或学前儿童游戏纸币），每个游戏的收费明码标价（10 以内的自然数），孩子们以实价消费，付钱的按需要找零。最后加工厂生产制作的产品送到超市，作为下一次游戏的商品。

这样的游戏设计，建立了一条完整的生活链，让孩子们在游戏中感受到成人劳动的辛苦和不易，有利于情感态度的培养。另外，游戏中突出的一个因素是"10 以内加减法"的运用，更是明显体现出生活中数学的学习和运用，这样的结合很巧妙、很自然。

资料来源：东园中心幼儿园庄晓钰老师组织的大班角色游戏

游戏活动演练

游戏 1：循环相克令

游戏目的：训练学生的反应能力。

游戏规则：两人一组，令词为"猎人、狗熊、枪"。两人同时说令词，在说最后一个字的同时做出一个动作——猎人的动作是双手叉腰；狗熊的动作是双手搭在胸前；枪的动作是双手举起呈手枪状。双方以此动作判定输赢，猎人赢枪、枪赢狗熊、狗熊赢猎人，动作相同则重新开始。

游戏 2：萝卜蹲

游戏目的：训练学生的快速反应能力。

游戏规则：5 人一组，每人扮演一个颜色的萝卜，从第一个人开始，如是红色，就随便找下一个颜色，例如说："红萝卜蹲，红萝卜蹲，红萝卜蹲完紫萝卜蹲"，依次类推，如果某一个人说了本组没有的颜色，就被罚下场。

知识与技能检测

1．简答题

（1）什么是角色游戏?

（2）在组织小班角色游戏时应注意什么问题?

2．案例讨论题

案例 1：主题游戏中，孩子们玩得兴高采烈，每人坚持在自己的岗位上，认真又负责。

老师说："小朋友，做操的时间到了，把各自的玩具收拾一下。"过了一会儿，有的孩子舍不得放下手中的玩具，还沉浸在游戏的快乐中。老师加重语气："我说快点收拾玩具，听到了没有？我喊 1、2、3，必须收拾好。快点！"

讨论 1：案例中老师的结束方式合适吗？为什么？你觉得在该案例中怎么结束游戏才合适？

案例 2：某幼儿园游戏室。丁丁选择了"医院"游戏，教师觉得丁丁有些调皮，自控能力差，便动员他担任"挂号"的工作。由于很少有"病人"来挂号看病，丁丁显得无所事事。游戏评价时，教师还特地表扬了丁丁能够"坚守岗位"。

讨论 2：教师在此游戏中有几次介入，你认为合适吗？为什么？

3．实训项目

项目一

（1）请自定主题，为中班学前儿童设计一份角色游戏活动的方案。

（2）结合幼儿园见习，组织一次角色游戏活动，并做好观察，提出具体的游戏指导策略。

项目二

从所有的《童年游戏》手册中推荐 10 个最好玩的游戏。

目的：掌握更多的游戏。

要求：为推荐的每一个游戏写出推荐理由，熟悉游戏的玩法。

第二节　建构游戏活动设计

建构游戏也称结构游戏或者建筑游戏，是创造性游戏的一种。它是指运用各种结构玩具或结构材料进行构造活动的游戏，它通过学前儿童的意愿构思、动手造型、构造物体等一系列活动，丰富而生动地再现了现实社会生活中人们的建筑劳动、建筑物以及各种物品。建构游戏是学前儿童喜爱的一种具有创造意义的游戏，也是幼儿园非常普遍的一种游戏形式。幼儿园常用的结构材料有制造类、自然物类和废旧材料类。

案例导入

田田是一个生长在城市的男孩，他见惯了城市的高楼大厦，对生活在农村的爷爷家格外感兴趣。爷爷家在大海边，海边柔软、细腻的沙子给了田田无穷无尽的乐趣。跟随爷爷在海边，田田一会儿与大海嬉戏，一会儿在沙滩上堆个小山丘，一会儿挖个沙坑，一会儿又和爷爷搭建个长城，玩得不亦乐乎。妈妈看见浑身沙子的田田，紧皱眉头，回到自己家就训斥：“以后不许去玩沙子，弄得浑身都是！用积木搭个长城就行了，可不要再玩沙子了。以后再弄得这样脏兮兮的，再也不带你去爷爷家了！”

思考与讨论：

1. 田田妈妈的观念正确吗？为什么？

2. 你是怎么理解建构游戏的？

一、建构游戏的生成

（一）根据学前儿童的实际水平和兴趣需求生成适宜的主题

激发学前儿童建构兴趣，主题生成来自学前儿童。如何让学前儿童自己生成感兴趣的主题呢？一方面，教师可以在活动前进行谈话引导，使学前儿童对游戏的主题、布局以及活动的顺序进行思考，做到心中有数。如建造“我的幼儿园”时，教师引导学前儿童围绕这一主题讨论：幼儿园里有什么？你想建造一个什么样的幼儿园？学前儿童根据自己的想象大胆发言：有大型玩具、有沙、有水、有动物、有植物等。这样，孩子心目中的幼儿园在谈话中大致勾画了出来，而且孩子会兴致勃勃。另一方面，教师可以在学前儿童的建构过程中引导其自由想象，结合实际生活，生成建构主题。主题生成后，教师和学前儿童一起收集材料，可观察实体、翻阅书籍、资料，可布置各种板报、展览，开阔视野，加深印象，也可和父母一起商量。

需要注意的是，生成的主题要适合用结构活动表现，要具有进一步丰富和延伸的余地，教师可以把握以下几点。

（1）教师要细致地观察，发现学前儿童的兴趣点，根据兴趣点生成主题。

（2）根据学前儿童建构水平的发展需要，通过各种形式激发学前儿童的兴趣，生成主题。（见图 2-5）

（3）结合学前儿童生活环境或幼儿园周围的建筑物及自然景观引发搭建兴趣。

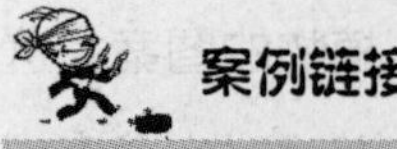

案例链接

小朋友们在结构区搭了一个小滑梯，两个圆柱形积木做支柱，三块长方形积木表现出滑梯的主要特征。孩子们高兴地喊：“老师，快来看我们搭的滑梯。”几天后，孩子们对滑梯的兴趣更浓，滑梯的造型也由简单的桥式滑梯转向旋转滑梯，同时他们也对转马、旋转飞机产生了兴趣。于是老师趁机抓住孩子们的兴趣点，引导他们讨论还有什么游乐器械可以搭建，从而生成了新的建构主题“游乐场里真有趣”。通过讨论，大家选择了一些易于用积木表现的游乐设施，如旋转飞机、丛林鼠、碰碰车、激流勇进、组合滑梯等。孩子们的搭建兴趣非常浓厚。

资料来源：安康家园网 http://www.ankang06.org/

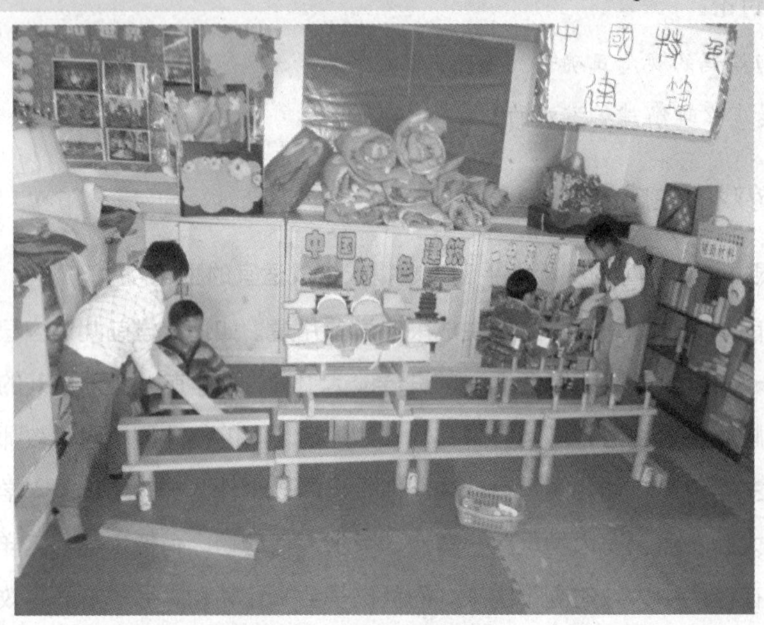

图 2-5 “中国特色建筑”

（二）提供各种材料是结构游戏实施的必要条件

人们常说，在学前儿童教师的眼中、手中是没有废物的。如果一件废品在学前儿童教师的眼中都没有用处，那它才是真正的废品。幼儿园定型的成品玩具为结构游戏的开展提供了必要的物质保证，但幼儿园更应该就地取材，充分利用多种废料进行材料加工，变废为宝，而且玩具的制作本身就是一个创新的过程，这些过程既充实了游戏的内容，又发展了学前儿童的想象力。如废旧的塑料管、冰棍棒、小盒子、玉米皮（见图 2-6）等经过加工，可以做出各种形象逼真的图形，像蝴蝶、小花、房子、飞机等。那些随处可见的沙石、泥土、树叶等自然材料，也可以构筑成各种物体。如用沙石堆造小山、桥梁，装置成“公园”、“假山”等自然景观；采集各种树叶拼贴成各种动物、植物的图案。这些辅助材料的提供，都能够激发学前儿童游戏内容的生成，既能满足在游戏时突发奇想的需要，又能激发学前儿童的创作灵感。

图 2-6　玉米皮花

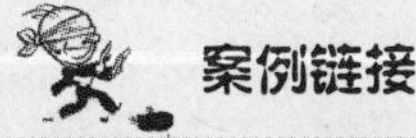

案例链接

1. 做风车

（1）准备材料：正方形硬纸、纸条、小纸盒、一次性纸杯、树叶、筷子、吸管、胶布、细尖小棍、剪刀、图钉、小锤。

（2）学前儿童自由选择各种材料自制风车(如纸杯风车、纸条风车、树叶风车、纸盒风车)。

（3）将自己制作的风车介绍给同伴，交流使用材料、制作方法等。

2. 玩风车

（1）学前儿童尝试快跑、慢跑、迎风跑、逆风跑、不跑等，观察风车的转动变化，一起讨论什么情况下风车才能转动，怎样让风车转得快，怎样让风车转得慢等。

（2）比比谁的风车转得快。

（三）在教学领域中生成结构游戏，并相互渗透

幼儿园的教育、教学活动多是通过游戏的形式组织学前儿童学习新的知识和技能。因此，作为游戏活动之一的建构游戏有时在语言、科学、美术等各领域教学中生成。

学前儿童建构游戏的主题生成来自学前儿童，有时也是以教师的语言启发、故事讲述、物体认识、情景渲染等形式烘托产生的。随着学前儿童认识类型的不断增加，语言叙述的不断深化，诸如“马路上的汽车”、“我的房间”、“提款机”等建筑主题也就应运而生了。由于学前儿童善于模仿生活现象，因此，一个简单的主题往往会被学前儿童开发得很透彻，且丰富多彩。搭好“提款机”后，他们会设想卡放在提款机上忘了取出来，或卡被提款机吞进去了，于是进一步打服务电话，或是想象被坏人看了密码，打什么电话报警，游戏主题可能一下子又转入了警察与小偷。学前儿童脑子里丰富的想象力和认识印象使得建筑主题层出不穷、妙趣横生。

各领域教学活动为学前建构游戏的生成与顺利开展打下了扎实的基础，反过来，建筑游戏的开展又巩固了各领域教学。如装饰美化游戏环境和建筑物的活动中，必须充分运用美术教学中学到的造型设计、色彩搭配等；在构造建筑时，需要语言交流；为别人介绍自己的作品时，需要有声有色、有条有理的介绍讲解……这些不但增强了学前儿童彼此学习的机会，而且较好地巩固了他们已有的知识；既满足了学前儿童的个人表现欲望，又提高了他们的口头语言表达能力。因而，建构游戏的生成与开展和教学是统一的。

（四）在其他各类游戏中生成建构游戏，并相互联系

在创造性游戏中，建构游戏同角色游戏的关系最密切。角色游戏常常为了创造角色的游戏环境，如“幼儿园”、“我的房间”、“娃娃家”等，先要进行建筑，场景布置；而建构游戏在建成某一物体或场景后，也常常加入角色和情节，发展成为角色游戏。这个转化和发展的过程充分体现了游戏的完整性。

在幼儿园，建构游戏是作为一种独立的游戏出现的，但建构游戏的生成与开展又同时渗透在其他各类游戏活动中。它们之间是相辅相成、紧密配合的。

二、建构游戏活动设计

建构游戏是学前儿童利用各种不同的建构材料，通过思维和创作反映现实生活的游戏，它融操作性、艺术性、创造性为一体。通过游戏，不仅能丰富学前儿童的主观体验，发展学前儿童的动手能力和建构技能，更重要的是能使学前儿童在协商、谦让、交换的游戏氛围中学会分享与合作，尝试开拓与创新，体验成功与挫折，从而实现学前儿童的全面发展。要达到这些目标，就要组织好建构游戏活动，首要的是制订良好的游戏活动计划。计划应该如何制订，包括哪些环节，各环节如何设计等是学习的重点。

游戏设计范例

小班建构游戏——花儿朵朵（雪花片巩固插接）

【游戏活动目标】

（1）让学前儿童利用雪花片巩固插接技能，表现花的美丽。教育学前儿童“花儿好看我不摘”的理念。

（2）在建构时要求保持活动室安静，培养学前儿童初步的建构常规。

【游戏活动准备】

大、小雪花片若干筐，美丽的花园图片若干张。

【游戏活动过程】

1. 情境导入，引起学前儿童建构兴趣

（1）师：“今天的天气真好呀，蝴蝶宝宝们跟着妈妈一起到公园里玩吧！（出示图片）公园里真美呀！有什么呀？”

学前儿童：“有好多漂亮的花。”

（2）师：“看看，花是什么样子的呢？”

学前儿童：“有漂亮的颜色。”

学前儿童：“有花瓣。”

……

（3）师：“现在老师来给宝宝变个魔术，请你们看一看这是什么？（出示用雪花片建构的花）这朵花是用什么做的？你们想不想用雪花片也来变一变，变出一朵美丽的花？”

（4）师：“请小朋友仔细看，花儿是怎样搭出来的？先找一个雪花片，然后再找另外一种颜色的雪花片，小嘴和小嘴使劲亲一亲，看，一朵美丽的花就完成了。”

2. 教师交代任务，学前儿童尝试建构

（1）师：“在建构的时候一定要轻拿轻放，雪花片在插接的时候，要插在凹槽里。”

（2）学前儿童分组建构，教师巡回指导。

3. 结束游戏，教师讲评学前儿童作品

（1）师：“呀，小朋友真棒，用雪花片变出了这么多漂亮的花？谁来说一说，你觉得哪一朵花最漂亮？”

（2）教师对能按照颜色搭配的学前儿童给予表扬。

（3）教师表扬在建构时常规较好的学前儿童，如，能够轻拿轻放、安静地整理雪花片、建构时仔细和认真等。

资料来源：浙江学前教育网 http://www.06abc.com/

中班结构游戏及反思——我是小小安装工

【游戏活动设计意图】

某班孩子从小班开始就接触水管玩具，并且被他们选为最喜欢的玩具之一。但老师发现，在这一年多的时间里，他们兴趣不减，可搭建水平也没提高，大多数孩子还是喜欢用直通管搭一些长长的宝剑、棍子之类的东西，然后饶有兴致地把此当做武器打闹。很少有孩子用到弯管、三通管、四通管这些接头管。这些接头管的运用不但可以让玩具的造型千变万化，而且可以让学前儿童认识这几种常见的接头管，了解它们在生活中的运用也是很有意义的。因此，老师设计了本次活动“我是小小安装工”（见图 2-7），让学前儿童在玩的过程中产生探究的兴趣，体验游戏中合作的乐趣，感受成功的快乐。

图 2-7 我是小小安装工

【游戏活动目标】

（1）通过观察、操作活动让学前儿童感知并认识弯管、三通管、四通管及其作用，了解它们在生活中的运用。

（2）激发学前儿童探究几种常见接头管的兴趣，提高动手操作能力，体验伙伴合作的快乐。

重点：认识弯管、三通管、四通管，并了解它们的作用。

难点：根据安装图，四人合作正确使用三通管、四通管。

【游戏活动准备】

（1）水源分布图一张。

（2）多媒体操作材料：电脑、数码相机、投影仪。

（3）水管玩具、学前儿童操作背景图5张（动物小区水管安装图）。

【游戏活动过程】

1. 自由搭建，认识特殊的接管

（1）师："今天，老师带来了你们喜欢的水管玩具。请你们用最短的时间搭出一个你喜欢的东西。"

（2）师："请搭好的小朋友说说搭的是什么？你用了什么形状的水管？"

（3）根据学前儿童回答，教师逐一介绍直通管、弯管、三通管、四通管，并小结：直通管可以把管子朝一个方向接得长长的，而弯管、三通管、四通管都是接头管，可以改变管子的方向。

2. 探究特殊的接头管

师："这是一张自来水厂的水源分布图，工人叔叔想把总水池的水引到分水池，我们一起来帮助他们想想办法。"

（1）引导学前儿童探索将水分别引入左右水池的方法。请个别学前儿童上台尝试操作。（弯管）

（2）引导学前儿童探索同时将水引入左右水池的方法。（三通管）

（3）引导学前儿童探索同时将水引入3个水池的方法。（四通管）

（4）改变其中一个水池的位置，引导学前儿童探索同时将水引入3个水池的方法。（将四通管与弯管连接）

（5）引导学前儿童探索同时将水引入4个水池的方法。（将四通管与三通管连接）

（6）教师小结：这些接头管不但可以改变管子的连接方向，而且可以与其他管子连接。

3. 游戏：我是小小安装工

（1）师："森林里的动物都住进了新房子，想请你们帮忙安装水管。你们四人一组根据安装图来安装，记住，我们要用最少的水管，最简单的方法安装。但是，水管必须接进每个动物的家中。"

（2）学前儿童操作，教师观察指导，并提醒学前儿童要合作，把水管安装牢固。

（3）多媒体展示学前儿童的作品，引导学前儿童共同评价。

4. 活动延伸

一起寻找生活中还有哪些地方会用到接头管。

【游戏活动反思】

（1）在整个活动中，学前儿童始终在操作中进行探索，自己去发现、去解决问题，在自身基础上进步与提高。学前儿童由浅入深地感知直通管、弯管、三通管、四通管的作用，体现着创造性、发展性和主动性。

（2）在教学中注重现代教学媒体的介入，在巡回指导时抓拍学前儿童的作品，然后将它导入大屏幕，不仅使作品评价直观、形象，更重要的是学前儿童在大屏幕中欣赏了自己的作品，真正获得成功的体验。

（3）活动注重层次性，让不同水平的学前儿童都能获得成功的体验。在开始试教时，教师让 3 个学前儿童合作完成一幅大的安装图，可发现能力强的学前儿童在操作中起主导作用，那些能力稍弱的或性格内向的学前儿童得不到锻炼，而让每个学前儿童独立安装一张图，并在规定时间内完成又存在一定的难度。因此我最后决定让两人合作一张稍微简单、小点的图，这样每个学前儿童基本上都有操作机会。考虑到操作速度有快有慢，我将原来的难度大的安装图重新利用，这样也使能力强的学前儿童有了挑战的机会，避免了无为的等待。

资料来源：幼儿学习网 http://www.jy135.com/

大班建构游戏——街道

【游戏活动目标】

（1）鼓励学前儿童积极主动参与游戏。

（2）根据物体的外形特征学会正确选择和使用不同类型的建构材料进行建构。

【游戏活动准备】

（1）各种花片、插塑。

（2）活动前，带学前儿童到社区的街道参观。

【游戏活动过程】

1. 师生谈话，引入活动

师："平时我们上学、放学经过社区时，你们看到了什么？"（让学前儿童说一说街道中有什么，如房子、花圃等。）

2. 组织学前儿童讨论

（1）师："街道里有各种各样的东西，我们该选择什么材料来建构呢？"

（2）学前儿童分组讨论，学习根据物体的外形特征正确选择和使用不同类型的建构材料进行建构。

（3）请个别学前儿童说一说自己的看法。

（4）教师小结：房子很高，要用大一点的插塑来建构，如炮筒；游乐器械可以用童乐高来建构，等等。

3. 学前儿童建构，教师指导

（1）学前儿童自由分组，选择自己喜欢的物体进行建构。

（2）教师巡视学前儿童的游戏情况，鼓励学前儿童积极主动参与游戏。

（3）指导学前儿童根据物体的外形特征正确选择和使用不同类型的建构材料进行建构。

（4）让学前儿童将搭好的物体摆放到指定地方。

4. 教师讲评、结束

（1）学前儿童自评、互评游戏情况。

（2）教师根据学前儿童选择建构材料进行建构的情况做出小结，提出不足之处，提出游戏要求，结束。

资料来源：第一范文网 http://diyifanwen.com/

三、建构游戏的基本特点与指导

教师指导学前儿童进行建构游戏时，重在引导学前儿童细致观察、大胆创造。一般经历以下阶段：了解材料、自由建构—单一主题建构—照图建构—综合主题结构，不同年龄班因游戏特点不同，指导要点也不同。

（一）小班建构游戏特点及指导要点

1. 特点

小班学前儿童的建构活动往往是无意识、无目的的，建构的特点是独自游戏和平行游戏，他们只对搭的动作感兴趣，而不在乎搭出什么。小班学前儿童在建构中常常更换建构作品的名称，或是等建构完成后再根据建构物的某一外部特征给作品命名，但他们一般不能明确解释作品的细节。因此，小班学前儿童的建构游戏嬉戏性较强，作品结构较为简单。

案例链接

建构游戏中大型的操作材料——大纸箱，对小班幼儿来说特别有吸引力，孩子们表现出了强烈的操作兴趣。由于年龄的限制，在操作初期，游戏缺少新意。游戏中搭建物的倒塌反而刺激了幼儿，他们感到格外兴奋。由于自控力较差，游戏中出现了破坏性的行为。为什么会倒塌，怎样解决，对于小班幼儿在游戏中出现的困难及表现出的缺乏自我解决问题的能力，教师应及时介入，指导幼儿探索。

资料来源：中国幼教网 http://www.chnkid.com/

2. 指导要点

（1）教师先引导学前儿童认识积木、纸盒等建构材料，有意识地搭建简单的物体供幼儿模仿。

（2）教师提供同一种类数量较多的游戏材料，避免幼儿因相互模仿而争抢玩具，注意安全性。

（3）教师引导学前儿童学习连接、延长、围合、加宽、垒高等主要构造技能，对建构技能进行指导。例如，让小班学前儿童在建构区搭建马路、围墙等简单物体。

（4）教师引导学前儿童建立建构游戏的规则，例如不抢别人的玩具、轻拿轻放、不乱扔、玩后要收拾整理等，并学习收拾整理材料的方法。

案例链接

在早上的区域活动中，小朋友在结构区根据老师提供的小型插塑积木进行搭建。不一会儿，每人手里拿了一根长长的用积木搭成的枪，然后就开始玩打敌人的游戏。教室里一下子显得有点混乱，后来又有一些小朋友加入了搭枪的游戏。老师见了，忙走过去问："你们还会用这种积木搭出其他的东西吗？"小朋友们摇摇头，还是自顾自地搭枪。于是老师就耐心地坐下来，用这种积木搭了一个小动物的家，天天见了忙问："老师，你搭的是什么呀？怎么这么漂亮？这是怎么搭的呀？"于是老师耐心地教给他，旁边的几位小朋友见了，也连忙跟着搭了起来。不一会儿，积木在小朋友的手中变成了一幢幢漂亮的房子。

分析及反思：

小班幼儿的年龄较小，知识经验少，因此缺乏搭积木的技能与技巧。他们往往只是无意识地搭建，而且同伴之间喜欢相互模仿，因此，搭出来的东西基本上差不多。

这就需要教师多观察、多引导，必要时可让幼儿模仿，等到幼儿掌握了一定的搭积木的技能后，才能创造出更多不同的物体形状。因此，小班幼儿的建构活动需要教师传授一些积木的不同搭法，这样才有助于开拓幼儿的思维，使幼儿能够对搭建活动更有兴趣。

资料来源：扬中市八桥中心幼儿园陈晓萍老师组织的建构游戏

（二）中班结构游戏的特点与指导要点

1．特点

中班学前儿童已具有一定的建构水平，手部动作逐渐发展，思维、想象、生活经验等更加丰富，建构的目的性增强，建构的坚持性也在增加，建构水平由单一搭建向整体布局过渡，例如搭建楼房和小区等。中班学前儿童已能运用已有经验对物体进行再现和创作，但是建构作品大部分不讲究对称和平衡。

2．指导要点

（1）教师可以增加中班学前儿童造型方面的知识和训练，例如，引导学前儿童学会选择高低、宽窄、厚薄、长短不一的材料搭建不同的物体。

（2）在小班搭建经验的基础上，教师可以引导学前儿童学习架空、覆盖、桥式和塔式等建构技能，形成里外空间的概念。例如，中班学前儿童可以学习搭高楼、架大桥等。

（3）教师可尝试提供作品构造图，引导学前儿童学习看图纸搭建（见图 2-8）。

图 2-8　我是建筑师

（4）教师可要求中班学前儿童有目的、有计划、有顺序地搭建，学习与同伴合作，共同完成一个物体的搭建。例如，3 名学前儿童合作搭建公园、跑道（见图 2-9）等。

图 2-9　搭建跑道

案例链接

中一班进行户外自主建构游戏，老师为他们提供了各种大小的长方体、圆柱体积木、竹筒等，还新增了轮胎。

凌浩哲对石文杰说："我们来搭茶馆吧，我昨天跟爸妈一起去喝茶了！"石文杰马上说："我力气大，负责搬运。"鲁承鑫说："我也来搭。"就这样，3 个小家伙自己分工，小茶馆马上动工了。

只见石文杰飞跑着一口气拿来了好多材料，鲁承鑫马上用长方形木板依次垒高，可凌浩哲马上否定了："你这样客人怎么进去喝茶呢。我们应该搭一个像房子一样可以走进去的茶馆。"大家一致同意又重新开始搭建，一个搬运，一个搭建，一个协助，分工合作，很快小茶馆完成了，第一位客人是调皮好动的吴昱翰，他一屁股坐在了"椅子"上，还没 10 秒钟，只听哗啦一声，"椅子"彻底翻了。吴昱翰立刻说："你们的茶馆太不靠谱了，椅子都不牢。"石文杰说："我们应该换个牢点的椅子，如果是砖头应该可以的。"鲁承鑫说："不行，不行，砖头太硬了，而且难看。"凌浩哲说："我们快点去拿长方体积木，把底座搭建得更大，这样椅子下面可以多放些长方体积木，人多的话坐着会更加牢固。"石文杰和鲁承鑫觉得有些道理，第三轮搭建又开始了，这次他们考虑得更加仔细，除了将底座扩展了些，椅子下放了更多的长方体，还考虑了桌子的牢固性等。终于在大家的努力下，小茶馆又开张了，引来了不少的“客人”呢，其中还包括吴昱翰呢！

分析及反思：

在整个自主建构游戏中，老师从头到尾没有介入孩子的游戏中，只是扮演游戏观察者而已，因为老师相信孩子能够通过各种方法自己解决遇到的困难，他们会采取与同伴协商、尝试等各种方法。

孩子在游戏中知道了使桌子、椅子更加牢固的方法，通过动脑筋、交流、合作等多种方式很好地解决了困难，社会、语言、健康等方面的知识得到了一定的发展。

资料来源：安吉教育网 http://www.ajedu.com/

（三）大班建构游戏特点及指导要点

1．特点

大班学前儿童已经具有一定的独立建造能力，掌握了一定的搭建技巧，会使用辅助材料，事先能进行一定的设想和规划，并能通过分工、合作完成一件较为复杂的工程。大班学前儿童能够搭建出有场景、有情节的较高水平的建筑群且建构作品多为立体结构，讲究对称和平衡，比较形象。

2．指导要点

（1）在中班搭建的基础上，教师引导学前儿童学习转向、穿过、平式联结和交叉联结等建构技能，搭建复杂的三维物体。例如，立交桥、拱形门等。

（2）教师引导学前儿童掌握整齐对称、平衡的构造，尝试整体布局，学习选择使用辅助材料。例如，在公园里搭建相呼应的前门和后门，在住宅区里搭建左右对称的凉亭、路边的花草等。

（3）教师引导大班学前儿童在搭建前学习商讨、分工，进行一定的设想和规划，通过分工、合作完成一件较为复杂的工程。例如，经过商讨后大家分工，有的搭建楼房，有的搭建停车场，有的搭建花园，有的搭建游泳池，有的搭建围墙，形成一个完整的住宅区。

（4）教师引导学前儿童建造有一定主题和情节、结构复杂、装饰精巧的建筑群。例如，让学前儿童根据绘本《母鸡萝丝去散步》主题情节的发展，搭建池塘、磨坊、鸡舍、篱笆以及蜜蜂房等，有了生动的故事作为依托，学前儿童的兴趣往往会更加浓厚，有助于学前儿童搭建出结构更为复杂的建筑群。

案例链接

游戏时间，结构区里大部分都是男孩子，他们设定的主题是开元寺。除了建构已学过的东西塔、大雄宝殿外，他们还联想到在开元寺里看过的古船，于是一伙人兴致勃勃地参与到古船建构中。家鑫与学钊都选择了小星星积塑，相互配合拼起了船底。较晚入区的许斌看到小星星玩具已经有很多小朋友在玩，就和家鑫商量："能不能和我一起玩？"。学钊忙说："我们人数已经够了，你到其他地方去吧！"许斌说："但我已经在最后一格的入区表填上号数了。"许斌不愿意去其他区。江海在一旁拿出小花片约许斌："那我们拼一些小船好了。"但许斌还是不愿意。老师介入并启发学前儿童想想："船上可以有些什么样的摆设装饰一下呢？"他们回答了好多种：亭子、椅子、船浆、大炮、旗子等。"那这些小装饰就可以用花片模拟建构，再与大船组合起来。"老师说。这时，许斌像是获得某种灵感，兴奋地拉着江海一起用花片装饰古船。最后，这群小伙伴还一起用各种围墙装饰性划分开元寺的古船、东西塔、假山等不同景物。

分析及反思：

教师在引导学前儿童模拟建构的同时，可提醒启发学前儿童更多的创造力，在肯定个别学前儿童的独特成果时，又要鼓励学前儿童互相合作取得更大的收获。

资料来源：中国教育文摘 http://www.eduzhai.net/

四、建构游戏活动的组织与实施

幼儿园建构游戏的组织、实施主要有游戏准备、游戏开展及活动评价这三大环节。

（一）游戏准备环节

1. 确定游戏主题

一般来说，幼儿园建构游戏主题来自学前儿童的生活，来自对学前儿童的观察和了解，来自对学前儿童需求的把握及与其他创造性游戏的整合。例如，组织学前儿童秋游果园后，可以适时确定游戏主题为"果园"，其中，小班可以让学前儿童建构不同的果树，中班可以让学前儿童建构果园（含结满果子的果树、果园的建筑物、围栏等），大班则可以建构果园社区（包括中心建构果园及果园之外的社区环境）。又如，结合绘本《我家是动物园》，则可分别组织"可爱的小动物"、"我的家"及"动物园"等主题的建构游戏；认识各种各样的交通工具后，也可组织相关的建构。

2. 撰写游戏计划

撰写游戏计划前，必须结合本月的活动主题进行综合考虑，并且需要与小组、同班教师一起商量建构游戏的主题、时间、密度的适宜性。

3. 提供游戏材料和创设游戏环境

结合学前儿童的年龄特点，考虑材料提供与环境创设与主题结合（主题本身及情节的发展）、立废性等要求。《幼儿园教育指导纲要（试行）》中指出："指导学前儿童利用身边的物品或废旧材料制作玩具、手工艺品等来美化自己的生活或开展其他活动。"在学前儿童建构前，教师应提供数量充足、搭配合理的多种建构材料（见图 2-10），如各种型号的积木、积塑、竹积、串珠、金属螺丝结构玩具等，生活中的废旧材料（半成品纸盒、泡沫、易拉罐、饮料瓶），辅助材料，如纸、线、瓶、各种盒子等，还可以适时提供配件，如木制人偶、交通标志、加油站、餐巾纸卷筒、冰棒棍、帽子（建筑工人、警察、消防员），瓷砖、毛毯、木匠工具、有建筑物、道路、桥梁图片的书或明信片、城市地图、城堡积木、贝壳和石头、纸箱和鞋盒，本地商店的商标、浮木或小木块、包装用的泡沫塑料或纸板、旧的计划图等。

图 2-10 建构游戏中的各种材料

4. 活动前丰富和加深学前儿童对物体和建筑物的印象

教师在日常活动中要引导学前儿童注意观察周围生活中的多种建筑，感知各部位的名称、形状、结构特征、组合关系及色泽特点，如楼房是有层次的，房顶有尖的、平的，也有圆的，桥梁是桥面和桥墩组成的等。

（二）游戏开展环节

游戏开展的一般流程如图 2-11 所示。

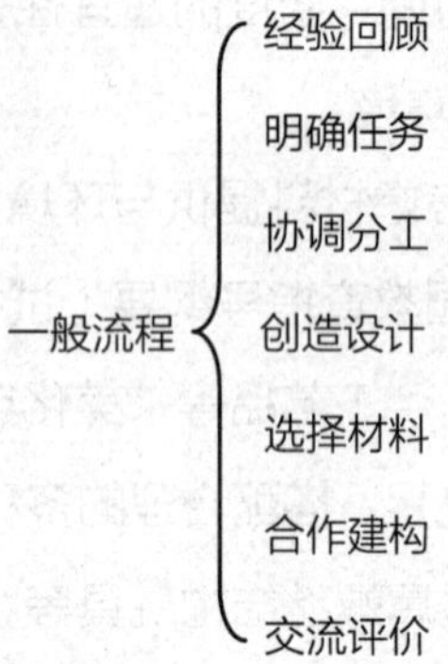

一般流程：经验回顾、明确任务、协调分工、创造设计、选择材料、合作建构、交流评价

图 2-11　游戏开展的一般流程

1．自愿组合，协商分工，明确搭建任务

在学前儿童按意愿自主选择分工的基础上，教师可引导学前儿童运用竞聘、轮流、猜拳等方法分组及协商分配搭建任务。

分组的形式可根据主题搭建的需要开展，既可一组搭建一种物体，又可以每组搭建一个小主题建筑。例如，修建一条街道，既可一组负责修建天桥，一组负责修建街道旁的楼房及商铺，又可以两组各在自己挑选的搭建场所建构一条街道。

小班学前儿童可在老师的带领下分组，一起协商。

中、大班学前儿童自主分工游戏。

2．共同设计，小组设计搭建图纸

小组成立后，由组长带领组员根据搭建的任务思考、讨论并设计出初步的搭建图纸。在后期的搭建中，如果有些地方行不通或出现问题，还可以对图纸进行修改，重新按新图纸搭建。图纸的设计在建构游戏中是非常重要的一个环节，虽然孩子画的图纸看起来很幼稚、很粗略，但这是建构中不可忽略的过程。图纸能帮助学前儿童有计划、有章法地进行搭建，而不是随心所欲地进行游戏。要知道工程师做工程是很严谨的，一定要严格按规划图来施工。从小培养学前儿童的这种素养，将对他们做事、做人终身受用。

小班可由学前儿童表述，老师帮助画图或直接用图片、实物照片作为图纸。

中、大班可指导学前儿童先各自阐述想法，相互协商，达成共识形成统一方案，然后画出图纸。

3．自主选择建构材料

学前儿童根据搭建场所的位置、布局及大小，确定用什么材料搭建合适，然后各自按商量的要求到游戏材料放置区选择、采集建构材料。

4．按规划图合作建构

学前儿童按照小组分工，根据图纸搭建所负责的工程任务。小班若有图纸，教师要帮助学前儿童看懂，鼓励学前儿童不知道的地方要向老师或同伴求助。

5．教师有效介入指导，推动游戏发展

教师根据观察，采取立即介入或暂缓介入的处理方法。

（1）需要立即介入的情况：①当学前儿童出现负面行为时；②当环境中因人群拥挤或使用材料、工具而产生不安全因素时等。

（2）暂缓介入的主要情形：①当学前儿童发生技能困难时（如不知道怎样将天桥的楼梯与梯面连接起来）；②当学前儿童游离于游戏情形时（如大家都在拼插，他不知道自己该做什么，怎么做，先给他时间观望，观察他接下来干什么）；③当学前儿童在延伸或扩展游戏内容有困难时（应鼓励学前儿童自主思考）等。

（三）活动评价环节

多角度的评价方式能从多方面反映学前儿童的学习状况、学习特色、发展变化等，能兼顾到群体需要和个体差异，使每个学前儿童都能获得成功感，有利于激励学前儿童。一般来说，对于小班，教师重点观察学前儿童的兴趣、技能等；对于中班，教师重点观察学前儿童的独立性、想象创造能力及结构技能与行为习惯等；对于大班，教师重点观察学前儿童的想象创造能力、合作能力与坚持的品质等。

1．对作品的评价

围绕作品的创意评价，激励学前儿童大胆创新。例如，今天谁拼搭的作品最有创意，你帮建构区丰富了什么新花样，谁的作品颜色搭配最漂亮，哪个小区的布局最美观，你发明了哪种材料的最新玩法，等等。

2．对学前儿童结构技能、经验的评价

游戏经验包括主题建构中的合作与分工、技能掌握、材料运用、游戏常规等方面，教师可运用集体、小组、个别相结合的交流方式，让学前儿童分享游戏中有益、有效的游戏经验，帮助学前儿童提炼出有用的游戏经验，以此提升学前儿童游戏水平，推动游戏发展，帮助学前儿童拓宽思路，逐渐丰富场景、材料、主题、情节，使学前儿童对下次游戏充满期待。

围绕学前儿童解决困难的能力进行评价，提高学前儿童解决困难的能力。例如，“小朋友在游戏中遇到某些问题，你是怎样解决的？”、“为了使下次游戏玩得更开心，还需要做什么？”、“你在建构区学会拼搭了什么东西？跟谁学的？”等等。诸如此类的评价为学前儿童提供互相学习的机会。

3. 对学前儿童在活动中表现出的习惯、与同伴的互动合作等进行评价

围绕活动规则评价，帮助学前儿童逐步形成各种规则，养成好习惯。例如，今天谁在建构区拼搭时声音小，哪一个小朋友在活动结束后玩具收拾得最快，谁在活动区中懂得协商合作，谁将建构玩具分类最清楚、摆放最整齐，等；评选出谁最专心投入，谁最安静，谁最爱动脑筋，谁是发明家，谁是好帮手，谁最有爱心（主动关、帮助别人）等。

总之，教师在建构游戏中的组织与指导要张弛有序。在指导过程中，要充分发挥学前儿童的主动性和创造性，我们要给学前儿童的游戏发展提供支持，但绝不是代替。要适当评价学前儿童的游戏，正确对待他们的建构成果。教师在游戏中是观察者、引导者、支持者、合作者，教师要有敏锐的观察力，为学前儿童顺利进行游戏搭建平台，并将建构游戏中学前儿童获得的有益经验，渗透到其他各领域，以促进学前儿童多方面的和谐发展。

游戏活动演练

游戏 1：翻扣

游戏目的：训练手指的灵活能力和空间造型能力。

游戏规则：两人一组，准备一根橡皮筋，长度为两只手的长度。由一人撑住，另一人变化各种撑的形状。

游戏 2：跳绳圈

游戏目的：训练学生身体的灵活性

游戏规则：3 人一组，把 3 个绳圈放在一起或间隔一定距离。跳的方法可以变化，单双脚跳或交替跳。绳圈排列方法可变化，如直线、三角形等。绳圈也可变化成半圆形、三角形、梯形等。老师说：“看谁套绳圈套得快。”三人把绳圈从脚套入，通过身体，再从头上取下，也可以从上往下，展开比赛，依次进行。“钻山洞了”2 人将绳子套于腰间或腋下，表示山洞，另一个人可钻过或爬过山洞。爬过者作山洞，第 2 个人再钻山洞，依次轮流进行。

知识与技能检测

1. 简答题

（1）如何组织建构游戏？

（2）在建构游戏中，如何根据不同年龄阶段的学前儿童特点进行有针对性的指导？

2. 案例讨论题

结合本节的学习，阅读以下案例，假如你是幼儿园的张老师，将如何引导家长对“玩雪”结构游戏有正确的认识，并设计一个家长开放日活动方案。

我国北方，很多幼儿园都在冬天开展地域课程——玩雪结构游戏。孩子们十分喜爱堆雪人、团雪球、做雪雕等结构游戏。尽管孩子们玩得十分尽兴，但是家长却议论纷纷，并把问题反馈到张老师那里。有人反映孩子到幼儿园是学东西的，有人反映玩雪不卫生，不想让自己孩子玩，有人认为天太冷，玩得时间太长，有人甚至觉得是幼儿园的老师图省事才让孩子玩雪。

3. 实训项目

编写一个幼儿园小班的建构游戏活动方案。

第三节　表演游戏活动设计

表演游戏是指幼儿通过扮演某一文艺作品的角色，运用一定的表演技能（语言、动作、表情），再现文艺作品的内容（或某一片断）的一种游戏形式。由于表演游戏是通过表演创造性地再现文艺作品，所以也是一种创造性游戏。

表演游戏与角色游戏一样都是幼儿扮演角色的游戏。不同的是，在角色游戏中，游戏反映的内容是幼儿的生活印象，幼儿扮演的角色是现实生活中的各种人物，游戏的角色、情节、内容可以由幼儿自由选择创造；而表演游戏中，幼儿扮演的角色是文艺作品中的角色，游戏的情节、内容也均来自文艺作品。这就决定了表演游戏与角色游戏的教育价值的不同。

案例导入

近段时间，大班幼儿正兴致勃勃地玩表演游戏“喜羊羊与灰太狼”。

“沈老师，今天我想扮演喜羊羊！”

“我要演懒羊羊！”

“今天我想扮演美羊羊！”

“我要扮沸羊羊！”

"我扮演暖羊羊!"……

老师:"你们都要扮演羊,谁来演灰太狼和红太狼呢?"

孩子们沉默了……

"佳乐演灰太狼,琪琪扮演红太狼!"有孩子开口了。

"为什么要我演坏人呢?"琪琪开始反击,"我才不演呢!"

佳乐:"上次也是我扮演灰太狼,为什么这次还是我?"

"因为你演得好呗!"

"那你来试试?"

"明明,上!"

"我不行!"……

孩子们又争论起来。

思考与讨论:

1. 面对孩子们在游戏中出现的这种现象,你会怎么办呢?
2. 在表演游戏中,是"表演"重一些还是"游戏"重一些?为什么?

一、表演游戏的生成

(一)学前儿童自主生成的表演游戏

孩子是天生的演员,有强烈的表演欲望,无论是在家里还是在幼儿园,只要环境能点燃孩子的表演欲,那么学前儿童自主生成的表演游戏会经常出现。

学前儿童自主生成的表演游戏,题材多来自正在热播的、他们喜欢的电视动画片,如《喜羊羊与灰太郎》、《名侦探柯南》、《西游记》等,还有来自成人讲述的他们感兴趣的、熟悉的童话故事,如《小兔乖乖》、《猪八戒吃西瓜》等。如果有志同道合、兴趣相投的小伙伴或在大人的鼓励下,学前儿童往往能随时进入表演状态,尽情、尽兴地表演作品、表现自我。

案例链接

午餐后,乐乐迫不及待地拿出从家里带来的故事书《孙悟空大闹天宫》,几个"猴哥"的"超级粉丝"簇拥在一起交头接耳。乐乐边翻书边指手画脚:"孙悟空一个跟斗就十万八千里!嗖……"说着不过瘾,乐乐一激动就摆出了孙悟空的造型,身边几个孩子也纷纷效仿,班里一下子蹿出好几只"猴子"……

资料来源:杭州教研网 http://www.hzjys.net/

（二）在教师引导下生成的表演游戏

1. 根据文艺作品生成的表演游戏

在教师指导下，根据文艺作品生成的表演游戏是我国幼儿园最常见的表演游戏形式，如“拔萝卜”、“小兔乖乖”、“三只蝴蝶”（见图 2-12）等。

图 2-12 “三只蝴蝶”的游戏

根据文艺作品生成的表演游戏已成为很多幼儿园集体故事教学的手段，教师在故事教学中运用表演游戏的目的主要在于利用学前儿童的游戏性动机，调动学前儿童参与的积极性。正因为如此，教师对学前儿童在游戏活动过程中自然产生的与其他领域相关的学习兴趣和需要视而不见，只是带着学前儿童沿着原有故事教学的设计思路往前走，学前儿童一旦有“出轨”现象，立即就被老师拉了回来，从而导致许多很好的教育契机和课程生成机会白白流失。

案例链接

在中班《老虎的遭遇》故事教学中，有这样一幕（表演游戏作为教学过程中的一个环节）：扮演“青蛙”的学前儿童对“饥肠辘辘”的“老虎”说：“我有一个主意，我们比赛跳远，要是我跳得比你远，你今天就不能吃我。”“老虎”同意了，于是“青蛙”悄悄地咬住了“老虎”的尾巴，和它一起跳了起来。突然，一个学前儿童发现了问题：“不对，青蛙跳得没有老虎远！不信，你量量！”旁边演“大树”的孩子也说：“就是，青蛙的脚都落在了老虎后面，它应该跳到前面才对。”

"青蛙"看看自己的脚印和"老虎"的脚，没有说话。几个小朋友开始七嘴八舌地议论起来。

这时一直在一旁边观看的教师介入了："演到哪里了？下面该谁讲话了？别吵别吵，我们接着演。"……

资料来源：刘焱，李霞，朱丽梅.中大班学前儿童表演游戏的一般规律和年龄特点研究[J].学前教育研究，2003（4）.

2. 引导学前儿童创编故事生成的表演游戏

随着年龄的增长、知识经验的丰富，学前儿童的言语表达能力逐步提高，愿意大胆表达自己的愿望和想法，也愿意与别人讨论、交流。如果教师能根据不同年龄班学前儿童身心发展的特点，引导学前儿童开展故事创编活动并由此开展表演游戏，将更好地促进学前儿童的言语表达能力、想象力、表现力的发展，尤其是对学前儿童的创造潜能和创造性人格的发展具有较大的影响。

这种表演游戏形式在幼儿园不多见，因为其难度远胜于根据文艺作品生成的表演游戏。

二、表演游戏活动设计

幼儿园表演游戏的性质应该定位于"游戏"而不是"表演"，幼儿只是因为"有趣好玩"而在"玩"，这种表演是一种自娱自乐的活动。因此，在制订表演游戏活动计划时，应把"玩"放在首位，强调在玩中学。

游戏设计范例

小班表演游戏：小猪变干净了

【游戏活动目标】

（1）在掌握故事情节的基础上，熟悉故事角色及动物的对话。

（2）大胆运用动作表现小猪的形态。

（3）懂得爱干净才能让人喜欢，教育学前儿童常洗澡、常剪指甲、爱卫生。

【游戏活动准备】

小猪、小鹅、小兔的头饰若干，小河（绿色皱纹纸）、草地（绿色方块）、垃圾场、沐浴棉、香皂。

【游戏活动过程】

1. 教师结合表演道具帮助学前儿童回忆故事情节

2. 激发学前儿童利用表演道具进行表演

（1）鼓励学前儿童发挥想象依次模仿、表演各角色的动作、语言（个别表演或集体表演）。

师："你觉得小猪应该怎么说？做什么动作？小猪在大家不喜欢他时是什么表情？小兔、大白鹅看见小猪这么脏是什么表情？"

（2）请4位能力强的学前儿童在教师事先布置好的游戏场地中示范表演。

（3）引导学前儿童评价同伴的表演。

师："你觉得他们表演得怎么样，为什么？"

3. 分组表演

（1）（教师事先将场地划分、布置好）引导学前儿童讨论分组表演注意事项。

（2）学前儿童分组表演，教师指导。（重点观察学前儿童分组常规情况、与同伴合作表演情况、故事情节表现情况。）

4. 评价

【游戏活动反馈】

个别能力较强的学前儿童能在教师的指导、提醒下进行表演。婧妤扮演的小猪在垃圾堆吃垃圾、打滚时，拣起东西放进嘴里，并在地上打滚。教师提醒后，学前儿童能分清角色与表演的不同。

【游戏活动对策】

在下次活动时，提醒学前儿童只要将情节表现出来即可，不用真的吃垃圾或真的将水泼在小猪身上。与学前儿童一起讨论什么是表演，什么是事实，表演时怎样演得真实又卫生。

资料来源：幼儿学习网 http://www.jy135.com/

中班表演游戏：动物找家

【游戏活动设计意图】

小动物是孩子们最喜欢扮演的角色。在游戏中孩子们通过角色表演，了解到不同动物居住环境不一样，如小鸟的家是鸟窝，小鱼的家在小河里，熊猫的家在竹林……同时在游戏中，孩子们进行分类活动、追逐嬉戏，锻炼了奔跑、躲闪的能力，体验到合作游戏的乐趣。

【游戏活动目标】

（1）练习听信号在一定范围内跑动，体验合作游戏的乐趣。

（2）会按动物的住所分类。

【游戏活动准备】

（1）小鸟、熊、小鱼、袋鼠、小猴、熊猫等动物头饰每人一个，怪兽头饰一个。

（2）场地布置：在场地四角分别放四张椅子，挂上小河、鸟窝、草地、竹林的图片，表示动物的家。

（3）欢快的背景音乐。

【游戏活动过程】

（1）趣味儿歌舒活筋骨，边说儿歌，边做动作。

儿歌：我是小鸟，飞呀飞；我是小鱼，游呀游；我是小猴，蹦蹦跳；我是……

（2）引导学前儿童观察场地：请幼儿说一说图片上有哪些动物的家。

幼儿讨论交流：小鱼的家、小鸟的家、熊猫的家……

（3）教师介绍游戏玩法。

教师引出游戏情节："今天天气真好，许多小动物都出来玩了。"学前儿童扮演小动物在音乐的伴奏下自由活动。教师扮演"怪兽"出现，"小动物"四散逃跑，回到各自的家。

（4）学前儿童自由选择动物头饰，站立在场地上，游戏开始。

师幼根据选择的头饰，扮演相应的角色，结合游戏玩法进入游戏。

（5）每次游戏结束后，学前儿童可交换头饰，怪物也可由幼儿扮演。

（6）放松运动：随舒缓的音乐互相捶捶背、敲敲腿，做放松活动。

【游戏活动延伸】

回家和父母一起寻找其他小动物的家是什么样子，并一起体验游戏乐趣。

资料来源：幼儿学习网 http://www.jy135.com/

大班表演游戏：小蝌蚪找妈妈

【游戏活动目标】

（1）具有初步的合作意识，在实践中尝试解决合作中遇到的问题，积累合作经验。

（2）能积极、大方地参与游戏，生动形象地表现角色。

（3）体验共同表演，合作游戏的乐趣。

【游戏活动准备】

故事中各种动物的头饰，简单的池塘环境布置；熟悉故事，对蝌蚪的生长活动感兴趣。

【游戏活动过程】

1. 引起回忆，激发幼儿活动的兴趣

师：这段时间我们一直在排练一个节目，节目的名字叫什么？里面有哪些小动物？

2. 回忆上次游戏出现的问题，师幼共同商讨解决办法

（1）昨天排练节目的时候，我们发现，当音乐开始的时候鸭妈妈、鱼妈妈、乌龟妈妈、鹅妈妈都能马上上来，可后面跟着的宝宝们没有马上出来，是什么原因呢？（不听音乐、注意力不集中。）

（2）今天排练的时候，宝宝们的动作一定要跟着妈妈。

3. 幼儿选择角色，进行表演

（1）小朋友都选好了自己的角色，在表演的时候我们还应该注意什么呢？

（2）今天表演的时候老师还有一个要求，表演结束后我们要选出 6 个最佳表演奖，每种小动物中选出一个表演得最好的小演员。

（3）什么样的表演可以评为最佳表演奖？

4. 幼儿体验游戏

师："小演员们都准备好了吗？演出就要开始了。请欣赏表演游戏《小蝌蚪找妈妈》。"

5. 评价和小结

（1）师："你们觉得今天的表演，谁可以获得'最佳表演奖'？为什么？"（从声音、动作、表情等进行评价。）

（2）师："刚才的游戏中遇到了什么困难？应该怎么办？"（鼓励学前儿童不怕困难，想出解决方法。）

资料来源：幼儿学习网 http://www.jy135.com/

三、表演游戏的基本特点与指导

（一）小班表演游戏的特点与指导

1. 特点

小班表演游戏的特点是角色意识不强，交往欲望较低，表演能力弱。

2．指导要点

严格地说，小班幼儿不会玩表演游戏，他们往往只是表演自己感兴趣的某个动作或重复某一句有趣的话语。所以小班幼儿表演游戏的指导应注意以下几点。

（1）教师应尊重幼儿的意愿，帮助幼儿选择主题明确、内容简单、活泼有趣的作品，如《拔萝卜》（见图 2-13）。

（2）教师应帮助幼儿或带领幼儿准备游戏道具和材料，但不要包办代替。

（3）教师可以指定或参与角色分配。

图 2-13 “拔萝卜”游戏

教师应常常参加小班孩子们的表演游戏，在游戏中担任某一角色，开始可担任主角，帮助幼儿解决角色分配中的困难，以后可担任一般角色，直到不担任任何角色。

（4）游戏前教师应做示范。

小班幼儿处于玩独自游戏、平行游戏的高峰期，还不会玩表演游戏，但他们对模仿成人动作感兴趣，所以教师生动、热情的示范会直接影响他们对于表演游戏的喜欢程度与表演意愿。

（二）中班表演游戏的特点与指导

1．特点

中班表演游戏的特点是可以自行分配角色，但角色更换的意识不强；游戏的嬉戏性强，目的性差，需要教师一定的提示才能坚持游戏主题；往往因准备道具、材料而忘了游戏的最终目的；游戏的计划性差，展开游戏需要较长的时间；以一般性表现为主，以动作为主要表现手段；能独立进行角色分配，但进入游戏过程较慢。

2．指导要点

（1）给学前儿童适合的游戏时间、空间，并注意材料的结构化程度。

教师应该保证学前儿童有不少于 30 分钟的游戏时间；为学前儿童准备一个在一定时间内是固定的、封闭或半封闭的空间，给学前儿童认同感和安全感；提供的材料要简单易搭，不能是那种需要学前儿童花很长时间与很大精力才能够准备好的材料。

（2）教师要帮助学前儿童做好配组工作，讲解角色更换原则。

（3）在游戏最初开展阶段，教师不要过多干预学前儿童的游戏，要耐心等待学前儿童协商、讨论，提醒学前儿童坚持游戏主题。

（4）在游戏展开阶段，教师应提高学前儿童的角色意识，鼓励孩子在表演中有所增添或改动，对作品进行再创造。

案例链接

中班学前儿童有一段时间热衷于玩《三只蝴蝶》的表演游戏，开始几次，他们的游戏进程基本上都是按照作品进行的，三只蝴蝶相亲相爱不分手，宁愿一起淋雨也不愿各自躲在相同颜色的花下面。后来时间一长，孩子们就开始纷纷议论，提出问题了："三只蝴蝶也太傻了，它们为什么不去躲雨，而要一起淋雨呢？""这样一起淋雨会感冒的！要去医院打针的。""对呀，下雨的时候我们也是在自己家里躲雨的呀！"老师听了，问道："如果你们是小蝴蝶，你们会怎么做呢？那怎么能说明好朋友相亲相爱不分手呢？"于是，孩子们把《三只蝴蝶》改编成大雨来临的时候，小蝴蝶们各自躲在相同颜色的花下面，而当太阳出来的时候，三只蝴蝶又快乐地一起游戏了。这种创造性的改编表达了孩子们对作品、对生活的理解，其思维的创造性、灵活性是非常值得肯定的。

资料来源：王荃.区域游戏与主题游戏的整合[M].北京：中国妇女出版社，2003.

（三）大班表演游戏的特点与指导

1．特点

大班表演游戏的特点是能独立完成角色分配任务，并有很强的角色更换意识；游戏的目的性、计划性较强，能自觉表现故事内容；具有一定的表演意识，具备一定的表演技巧，能灵活运用多种表现手段（见图 2-14）。

图 2-14　大班的表演游戏

2. 指导要点

（1）在游戏的最初开展阶段，教师尽可能少干预。

大班学前儿童已经具备独立开展表演的能力，如果教师过多干预往往会限制学前儿童主体性的发挥，因而教师除了提供时间、空间、基本材料外，在游戏的最初开展阶段应该尽量让学前儿童做主。

（2）随着游戏的展开，教师应及时给学前儿童提供反馈，提高学前儿童表现故事、塑造角色的能力。

对大班学前儿童来说，反馈的重点应在如何塑造角色上。教师要帮助学前儿童注意运用语气、语调、夸张的动作、生动的表情来塑造角色。教师最好用讨论的方式和群策群力的方式帮助学前儿童提高这方面的能力。教师也可以扮演角色参与学前儿童的游戏。

（3）丰富游戏情节与提高学前儿童表现能力同步进行。

教师要帮助学前儿童充实游戏内容，鼓励学前儿童根据自己的想象和理解进行对话和动作。游戏的趣味性始终应该放在第一位。教师切忌在表演过程中对学前儿童的表演横加干涉，随意打断或在旁不停地喊叫、指挥，使学前儿童的表演完全处于被动状态，失去了游戏本来的意义。

资料传真

在表演游戏中，教师的角色定位如下所述。

首先，教师是观察者。教师应以平等的身份与学前儿童共同游戏，共享快乐，共处于愉快的游戏世界中，并观察学前儿童在游戏中想什么，做什么，游戏中遇到了什么困难，哪些地方需要帮助，应该怎样帮助。

其次，教师是支持者。教师要让学前儿童按照自己的意愿分配角色，自己组织游戏，自己开展游戏，自由展示才能。教师要在不干扰学前儿童游戏的前提下，参与学前儿童的游戏，并在适当时机给学前儿童适当的支持。

再次，教师是引导者。我们强调表演游戏中学前儿童的主体性，并不是让学前儿童在游戏中放任自流，教师适时引导能让游戏更好地进行，同时更有利于学前儿童在游戏中获得教育。

四、表演游戏活动的组织与实施

（一）表演游戏准备

1．游戏经验准备

学前儿童对周围社会的认知程度影响学前儿童能否准确把握作品的内容和情节，能否形象演绎作品中的角色，社会经验的丰富程度会直接影响学前儿童表演游戏水平的高低。因此，教师应在学前儿童的日常生活、教育活动以及游戏活动中丰富学前儿童的社会经验，不断提升学前儿童表演游戏的水平。教师可引导学前儿童在生活中注意观察各种人物的行为特点、语言特征，各种动物的动作特点等。

例如，表演游戏《老虎拔牙》，孩子们对医生拔牙的方法、病人的表现不了解，就不可能生动地表演这一场景，于是，教师带孩子们到口腔医院参观，让孩子们获得生活体验，再表演起来就生动多了。再如，玩表演游戏《揉面团》时，孩子们表现不出妈妈对宝宝关心的神情，教师就请孩子们回家注意观察自己的妈妈对自己关心时的表情、动作，再次表演时，孩子们有的用手抚摸宝宝的头，有的捧着宝宝的脸，有的搂着宝宝，还有的把宝宝抱在身上……教师要引导孩子做一个有心人，观察生活中的事物和情景，捕捉生活中的精彩镜头，让其成为故事创编的素材，为自主表演提供内容来源。

2．材料与环境准备

（1）场地：可引导学前儿童在活动室或其他相对宽敞的地方创设一个相对固定的表

演区，有条件的可以在专用的游戏室里创设表演区；场地有限的，也可以根据需要用桌椅、积木临时搭建小舞台，如在孩子们和教师共同布置下，走廊可以变成“化妆间”，楼梯拐角成了“售票处”等。

（2）布景：要求简单大方，经济实用，只要能起到渲染气氛的作用就可以了，不要求过于复杂，否则会过多吸引学前儿童的注意力，导致学前儿童精力分散，影响学前儿童表演的顺利进行。

（3）服饰和道具：可以起到吸引学前儿童注意力，激发学前儿童进行表演游戏的兴趣，而且还会影响游戏的生动性、形象性和趣味性。就像我们听到某些演员平时总是难以入戏，把服装、道具一用上，马上感觉就来了，道理是一样的。教师要引导学前儿童根据作品要求和学前儿童的社会经验，尽可能用简单的服装和道具表现角色形象。

（4）协助、指导学前儿童分配表演游戏的角色。和玩角色游戏相似，孩子们在表演游戏中非常关心自己扮演的角色，以扮演自己喜欢的角色为满足。孩子们都喜爱文艺作品中的主人翁，往往想扮演主角和正面角色，这时教师就要引导学前儿童认识到，各个角色都是表演游戏中不可缺少的，只有大家协调配合，游戏才能顺利进行，从而使学前儿童满腔热情地对待自己担当的角色。教师需要为学前儿童提供一个自主协商、自主分配角色的平台，在此基础上，分析学前儿童的喜好与特长，引导学前儿童扮演与其相适应的角色。

案例链接

《“大树妈妈和树叶宝宝”》的表演

“叶老师，今天我想做大树妈妈！”“叶老师，我也要……”

“你们都要做大树妈妈，没有树叶宝宝怎么表演呢？”老师把问题交给孩子们。

孩子们一下子沉默了。“那……要不我们轮流吧！”终于有孩子先开口了。

“那谁先来呢？”老师继续提问。

“我！”“我先！”孩子们又吵起来。

“到底谁先来？赶紧想个好办法吧！”老师引导孩子们自己解决问题。

“宣宣一次都没有做过大树妈妈，还是让她先来吧！”单单向来大胆。

“她又不会做！她胆子很小……”有人不同意了。

“宣宣，你想试试吗？”老师征求孩子自己的意见。

“嗯！”宣宣点头，用很轻的声音回答。

“那就让宣宣做大树妈妈好了！”单单再一次表现出她的正义感。

孩子们同意了。老师点头默许。

表演终于开始了，可因为宣宣的声音实在太轻，“树叶宝宝”都没有听到“妈妈”的呼唤，错过了音乐，表演以失败告终。

“我还是喜欢做小树叶……”宣宣一脸的尴尬。

“那我来做大树妈妈，我会让所有的树叶宝宝回到我身边的！”单单诚恳提议。

“可是我也想做！”“我也想！”“让我先来……”争吵声再一次响起。

“单单说话很好听，让她试试吧！”关键时刻老师终于开口了。

“那我排在她后面！”佳佳心有不甘。

在“大树妈妈”声情并茂的呼唤下，表演精彩结束。

案例中学前儿童在选择角色时，经过了争执—提议—否定—尝试—调整—再尝试的过程。教师以问题引领学前儿童自主协商，始终以尊重的眼光看待学前儿童对角色的选择。

资料来源：杭州教研网 http://www.hzjys.net/

（5）要注意的问题。①舞台、服饰和道具都应当简单、方便、实用，不一定都要购置现成的物品，教师可以充分利用现有的游戏材料，因地制宜地利用废旧物品进行设计和制作。②教师不要包办代替，要充分信任学前儿童的能力，把设计和制作看成是学前儿童表演游戏的组织部分，充分发挥学前儿童的积极性、主动性、创造性，组织和引导学前儿童设计游戏环境、制作游戏服装道具，发展学前儿童的想象力和动手能力。同时，学前儿童参与游戏材料的制作，对于培养学前儿童爱惜游戏材料的好习惯也很有帮助。

（二）表演游戏过程

1. 经验回顾

（1）回忆故事主要情节（多用于第一次游戏）。

（2）围绕问题开展讨论（多用于第二、第三次游戏）。如看录像或照片，围绕问题记录表讨论。教师可根据游戏内容、学前儿童游戏发展状况，灵活运用不同的经验回顾方式。

（3）指导策略可围绕本次游戏的目标和重难点，运用开放式提问，引发学前儿童对问题的思考、讨论。如上次游戏中明明遇到了什么问题？（出示记录表）师幼在记录表的提示下，回顾上次游戏出现的问题，共同寻找解决办法。

2．快乐游戏

涵盖的内容如下。

（1）分配角色，进入游戏区域，摆放场景、道具。

（2）学前儿童自主游戏，教师观察指导。

（3）听信号结束游戏。

① 游戏时间快到时，提前提醒学前儿童，以便做好结束游戏的准备。

② 选择好游戏结束时机，最好是在学前儿童兴致转低但还保留游戏兴趣的时候。

3．分享交流

（1）让学前儿童分享、畅谈游戏中问题解决的成功经验，体验成功感，增强自信心。可呼应目标及经验回顾中的问题："问题解决了没有？"、"用的什么方法？"、"怎么解决的？"等。以此来帮助学前儿童梳理、提炼游戏经验。

（2）留有游戏余兴。教师引导学前儿童回忆、发现游戏中出现的新问题，并鼓励提出解决问题的办法，讨论下次游戏时需要准备的内容。如讨论需要到哪里参观，观察什么人物，需要增加哪些材料等。

（3）收拾游戏材料和场地。

（三）组织表演游戏注意事项

1．防止游戏课程化倾向。

组织游戏时避免教师的高控制，避免片面追求生动、逼真的表演结果，使师幼关系成为一种导演和被导演、指挥控制和被动执行的关系。可采用示范、手把手地教（教师指导一组孩子在全班面前表演，让其他学前儿童静坐观看）、旁白（教师按故事中的角色将全班学前儿童分成几个小组，每个小组内的几个学前儿童共同扮演一个角色，教师统一调度，用旁白的方式串讲故事。每一组学前儿童按教师的串讲分别复述自己扮演角色的对话；以组为单位，每一组里每个孩子扮演不同的角色，在教师旁白的指挥下，统一表演）等方式使学前儿童感受到游戏乐趣。教师必须按照表演游戏发展的一般规律（从一般性表现发展到生动性表现），给学前儿童自主游戏、协商磨合的时间和空间，允许学前儿童探索、讨论，尊重他们的理解与表现，应扶持、引导而不是指挥、导演，学会等待而不是要求学前儿童"即演即像"。

2．尊重学前儿童自由选择和自主决定的权利。

由学前儿童决定对作品或故事的理解和表现以及表现的方式、方法，而不是听从教师的规定。表演游戏没有对错、好坏之分，表现的标准由学前儿童自己规定，教师不要做裁判。

3．表演游戏不是放任自流，不是只观察不指导。

游戏活动的进程由教师和学前儿童共同推动：活动的进展既来自学前儿童的兴趣需要，又来自教师的建议和引导。

4．建立民主、平等、合作的师生关系。

教师是学前儿童游戏的组织者和扶持者，而不是凌驾于学前儿童之上的指挥者、领导者。教师应当为学前儿童开展表演游戏创设宽松、自由的游戏环境，给学前儿童充分的时间和空间协商、磨合，而不是催促，应鼓励和支持学前儿童主动探索和交往。

游戏活动演练

游戏 1：《表情传递》

游戏目的：考察学生的传情达意能力

游戏规则：全班分成 10 人一组，分组游戏。组内先由一人想一句话，然后用动作表演出来，表演时下一个人观看，其他人捂住眼，观看者依据自己的理解再表演给下一人看，依次进行完一轮，最后一人表演给第一个表演的人看，看是否一致。

游戏 2：手指操表演

游戏目的：提高学生表演水平

游戏规则：边说边表演下面的儿歌，从大拇指开始依次按摩手指。

附：儿歌

五只小胖猪，个个胖乎乎，
老大爱吃草，肚子圆鼓鼓，
老二爱睡觉，整天打呼噜，
老三爱唱歌，1、2、3、4、5，
老四爱跳舞，扭扭小屁股，
老五个子小，大家来照顾。

知识与技能检测

1．简答题

（1）试述表演游戏与角色游戏的区别。

（2）怎样结合各年龄班表演游戏的特点进行具体的组织与指导？

2．案例讨论题

在中班游戏时间，老师说："今天我们来做一个表演游戏《三只蝴蝶》，明明，你个子太高了，到后面当大树吧，娟娟，你来做花好吗？……"一整节游戏下来，明明站在后面做背景一动不动，站的腿都木了，几次要蹲下来，让老师用眼神制止了。娟娟则蹲得腿都麻了，可还是很听话的继续蹲着。游戏结束了，老师只表扬了扮演三只蝴蝶的小朋友演得好……

阅读以上案例，试分析老师的组织方法与实施存在什么问题？如果你是这位老师，你会在游戏的组织与实施中怎么做？

3．实训项目

（1）结合《拔萝卜》的故事，设计小班的表演游戏方案。

（2）去幼儿园对学前儿童的某次表演游戏活动进行观察和记录，并根据本节所学的理论进行分析，提出相应的组织与指导策略。

第三章

学前儿童规则性游戏活动设计

规则性游戏是教育者根据教育目标和学前儿童身心发展特点有组织、有计划创编的，以规则为中心的游戏。规则性游戏与幼儿园的教育活动紧密相关，在促进学前儿童认知能力、音乐技能和动作技能等方面具有重要作用。规则性游戏一般被认为是学前儿童游戏发展的高级形式，在学前儿童游戏发展过程中较晚出现。游戏规则是对学前儿童参与游戏时的动作、语言等的规定和限制。游戏规则一般由教师提出，也可以由教师和学前儿童共同商讨制定，参加游戏的学前儿童必须遵守规则，否则就会被淘汰。游戏规则可以规范学前儿童在游戏中的行为，保证游戏目标的顺利达成。作为未来的幼儿教师，你是怎么理解规则性游戏的教育作用的？如何对学前儿童的规则性游戏活动进行组织、分析和指导？让我们带着这些问题开始本章内容的学习吧。

学习目标

知识目标：

1. 了解规则性游戏的分类及设计；
2. 掌握各年龄班级规则性游戏的特点与指导要求。

技能目标：

1. 能根据学前儿童的年龄特点设计规则性游戏活动方案；
2. 能根据学前儿童的年龄特点对规则性游戏活动进行指导和评价。

第一节 体育游戏活动设计

体育游戏是指在走、跑、跳、爬、投掷、平衡等多种身体运动中，让学前儿童的身体素质、运动感觉和平衡感觉有所发展的规则游戏。它是以促进学前儿童动作发展为主的游戏，与学前儿童的体育活动紧密相连，增加了体育活动的趣味性和娱乐性，对培养学前儿童对体育活动的兴趣，提高体质具有重要的作用。其中有许多体育游戏是民间代代相传的，如捉迷藏、丢手绢、老鹰捉小鸡等。

案例导入

小鹏是中班的一个男孩，尽管在班上他的年龄相对较大，但是他的走、跑、跳、爬等运动能力的发展却相对滞后。例如，玩跳房子游戏时，小朋友都能用单脚连续向前跳，唯独他只能用双脚跳且断断续续；大家一起玩“沙包打怪兽”游戏，他总投不到……

老师还观察到，每次上学，小鹏爸不是抱着就是用手拉着小鹏，书包也是家长拿着。就这些问题，老师和他的家长进行过多次沟通，希望家长多带他参加各种体育锻炼，家长说：“他胆小，总说不敢，我们也不知道该怎么办。”

在一天早上，玩“小小消防员”游戏时，小鹏对老师说：“老师，我不想玩，我跑不快。”老师说：“没关系啊，慢点也行！”他不吭声地回到了队伍里。又一轮游戏开始时，老师通过仔细观察，终于发现了问题：由于其他小朋友的催促，小鹏紧张，总是无法通过障碍物。于是老师带领小鹏连试 5 次，最后他终于成功了，随后的游戏就容易多了。

思考与讨论：

1. 小鹏不愿意参加游戏的原因是什么？老师是如何提供有效的帮助的？

2. 你认为幼儿园与家庭在提高孩子的运动兴趣与能力上应怎么做？

一、体育游戏的分类

体育游戏有各种各样，在此主要介绍追逐游戏、投掷游戏、赛跑游戏、竞技游戏、平衡游戏、动觉游戏等。

（一）追逐游戏

追逐游戏为锻炼学前儿童跑的速度、空间推理能力提供了机会。如丢手绢、老狼老狼几点了（见图 3-1）、警察抓小偷、老鹰抓小鸡等。

图 3-1 老狼几点了

案例链接

游戏名称：老狼老狼几点了？

游戏目的：发展幼儿跑的能力和反应能力。

游戏玩法：游戏开始前，先在地上画一条线，线内为小兔子的家，线外为老狼和小兔子行走和跑动的区域。通过猜拳、点兵点将或自愿等方式产生一名当老狼的幼儿，其他幼儿当小兔子。游戏开始，老狼在前，小兔子在后相距半米背对着线向线外直线行走，一边走一边问答。小兔子集体问：“老狼老狼几点了？”，老狼则随机回答：“1点了。”“3 点了。”等，反复问答几次。当老狼回答：“天黑了。”时，所有幼儿都必须转身以最快的速度跑回线内的家中，如果没有及时跑回家被老狼抓住了，则由被抓住的幼儿扮演老狼，之前扮演老狼的幼儿扮演小兔子。

游戏规则：扮演老狼的幼儿只有在说“天黑了”的时候方可回头和追捉扮演小兔子的幼儿，其他时间不可以回头观察小兔子与自己的距离。扮演小兔子的幼儿必须随着老狼一起向前走，步子可大可小但不能停步不前，并且只有在听到老狼说“天黑了”后，才可以往回跑，其他时间往回跑或走均需要停玩一轮。

资料来源：幼儿学习网 http://www.jy135.com/

（二）投掷游戏

投掷游戏为训练学前儿童运动协调、空间推理能力提供了机会。如套圈、投篮、飞镖、保龄球、打弹球（见图 3-2）等。

图 3-2 打弹球

（三）赛跑游戏

赛跑游戏是为训练学前儿童身体动作和多种智能发展提供机会的游戏。如接力游戏、两人三足（见图 3-3）、齐心协力、运物赛跑等。

（四）平衡游戏

平衡游戏是为训练身体平衡感和协调性发展提供机会的游戏。如走线、走平衡木（见图 3-4）、踩高跷、单脚站、跳蹦床、摇摆运动（荡秋千）、旋转运动、双向通道（在平衡木上，两个孩子面对面走）、跷跷板等。

图 3-3　两人三足

图 3-4　走平衡木

（五）竞技游戏

竞技游戏是为训练学前儿童身体技能和多元智能发展提供机会的游戏，如拍球、抽陀螺、滚铁环、放风筝、跳房子、跳绳、踢毽子等。

（六）动觉游戏

动觉游戏是为训练学前儿童身体动觉、力量觉和位置觉提供机会的游戏。如背靠背站起来、机器人游戏（锻炼身体位置的感知）、身体放松、蒙眼人等。

二、体育游戏活动设计

体育游戏一般由游戏任务、游戏玩法、游戏规则及游戏结果组成，其中规则是核心，是影响和制约游戏能否顺利进行的重要因素。各因素相互影响，相互制约，缺一不可。

（一）游戏目标的确定

体育游戏的主要目的是发展学前儿童的基本动作，提高学前儿童身体基本活动能力，锻炼体能，增强体质。教师应根据体育教学目标，结合本班孩子的实际情况设计游戏目标，每次有一个侧重点，发展什么动作，锻炼哪方面的基本能力，以此来最终实现学前儿童体育游戏的目标。

案例链接

游戏名称：小胖手

游戏目标：练习手腕、手掌、手指等小肌肉运动的协调性和灵活性。

游戏玩法：小朋友学会朗诵："小胖手，五个杈，握紧像馒头，伸开像朵花。"儿歌后，开始边做动作边朗诵。当说到"小胖手"时，宝宝伸手翻腕后掌心向外放在胸前左右各摆一次；当说到"五个杈"时，双手掌心向外自胸部向前由握紧变扩指前后推动两次；当说到"握紧像馒头"时手指由扩指变握紧成拳，反复三次；当说到"伸开像朵花"时，手指由拳变掌打开并尽量扩指，反复三次。可以通过减少反复次数来降低难度，也可以通过变化左右手来提高难度，先让小朋友的右手藏在背后，左手单独进行一次，再左手藏在背后，右手单独进行一次，然后，双手同时进行一次。当宝宝每次做完儿歌的最后一句"伸开像朵花"时，老师可以依次和他们双手击掌并说："yeah"或"对啦"。如果有动作不协调，出手过早或过晚的宝宝，老师也要过去和他们双手击掌说："come on"或"加油"。

资料来源：姜晓燕.学前儿童游戏教程[M].北京：教育科学出版社，2012.

（二）游戏结构的安排

体育游戏结构一般可以分为体验型结构、目标型结构、竞赛型结构三种。

体验型结构一般为一体式结构，即教师宣布游戏开始，参与的学前儿童开始进入游戏，玩法明确但是淡化规则，主要是让学前儿童体验游戏过程的乐趣，如"小胖手"。

目标型结构一般由下达目标、执行过程和实现目标三个部分构成，如"王子救公主"的游戏，教师根据性别分派出"王子"和"公主"的角色，规定"王子"出发的地点和路线和“公主”被困的“城堡”，下达“王子救公主”的目标。然后“王子”通过快走、奔跑、翻滚、爬行、攀登等各种运动过程，最终实现“救出公主”的目标。

竞赛型结构一般由介绍玩法与胜负规则、具体竞赛和宣布结果三部分构成。

托儿所、小班幼儿更喜欢体验型结构的游戏，中班幼儿更适合目标型结构的游戏，大班幼儿喜欢对抗性强的，能分出胜负的竞赛型结构的游戏。教师应根据本班幼儿实际来生成和设计游戏结构，使幼儿在感受游戏快乐的同时，实现体育教学的目标。

（三）游戏情境的创设

由于学前儿童年龄小，生活经历有限，所以游戏情境的创设是决定学前儿童能否迅速进入游戏状态，燃起游戏热情的关键。一般游戏情境创设有从社会生活中总结、童话故事中借鉴和时政要闻中提炼三种方式。例如，练习跑的游戏可以让小朋友扮演 110 警车上的警察叔叔去抓坏蛋等。童话故事借鉴的游戏中，小白兔喜欢帮助别人，可以在练习跳的游戏中让小白兔给兔奶奶送萝卜；时政要闻中提炼游戏，如上海世博会、青岛园博会中，可以让学前儿童以吉祥物的身份练习各种动作，执行各种任务，进行各种对抗性游戏。

案例链接

大班孩子在初次练习匍匐前进时，兴致很高，但重复的练习使孩子们降低了兴趣。为了调动他们的兴趣，老师从网上买了一批迷彩网。孩子们看到迷彩网显得非常兴奋，纷纷讨论迷彩网的玩法。结合他们单纯练习匍匐前进兴致不高，还没有把握要领的情况，老师提议让大家来当小小解放军，试着穿过迷彩网设置的通道。孩子们练习匍匐前进的兴趣又大大提高了。

（四）游戏兴趣的保持

由于学前儿童注意力稳定的时间很短，体育游戏动作多为重复动作，所以如何保持学前儿童对体育游戏的兴趣需要教师精心设计游戏的各个环节。影响学前儿童自始至终保持游戏兴趣的因素主要有以下十个方面：第一，游戏名称要有趣、新颖；第二，游戏情境要创设奇妙；第三，角色分派要公平、公正；第四，游戏启动信号要适时、清晰；第五，玩法规则要简便易行；第六，游戏动作要易学、易记；第七，游戏器材要充足、方便；第八，游戏儿歌要重复；第九，游戏情节要引人入胜；第十，游戏结束要自然、合理。

需要强调的是，很多教师只重视游戏的开始和进行，而忽视游戏的结束。其实游戏结束的时机和方式非常重要，要让每个学前儿童都在愉快中结束，学前儿童即便是在对抗性游戏中没有赢也会对下次游戏充满期待；学前儿童即便是没上场玩游戏，但在观看游戏时和同伴一起唱儿歌，加油助威也很开心。只有每个学前儿童都在游戏结束时获得快乐，这样才会更好地激发学前儿童下次参加游戏的兴趣。

游戏设计范例

小班体育游戏：小青蛙跳荷叶

【游戏活动目标】

（1）学习弹跳的方法，练习跳的动作。

（2）能配合手臂和腿的动作进行跳跃。

（3）喜欢参与活动，能遵守游戏的规则。

【游戏活动准备】

（1）在室外选择较平整的场地，用粉笔或其他记号笔在地上画若干个类似荷叶的圈。

（2）运用呼啦圈作为荷叶，可以根据孩子的弹跳能力适当改变圈与圈之间的距离。

【游戏活动过程】

（1）准备活动：教师编儿歌《小青蛙》："我是一只小青蛙，捉虫本领大，手儿伸一伸，腿儿蹬一蹬，蹲下——找一找小虫，跳起来——吃掉它！"（活动四肢，巩固向上跳的动作。）

（2）进行游戏：将幼儿分成男孩组和女孩组。

"青蛙哥哥和青蛙姐姐今天我们要到河对岸捉害虫，看谁能从荷叶上跳到对岸。"

① 请孩子从起始线开始，从一个圈跳到其他圈里，一边跳一边说："小青蛙，要回家，跳——跳，呱——呱，跳——跳，呱——呱，跳跳跳，呱呱呱，小青蛙，回到家！"

② 教师引导幼儿互相学习小青蛙的跳跃动作："说说哪一只"小青蛙"跳得远，他是怎样跳的？"（请幼儿个别示范）幼儿集体学习弹跳的动作，了解手臂和腿的动作要配合才能跳得远。

③ 指导幼儿再次尝试运用手臂和腿的配合进行弹跳的动作，并再次进行游戏。

④ 可以根据孩子的活动情况，改变圈和圈之间的距离。

（3）放松活动：模仿小青蛙的动作进行腿部放松活动（抖腿、捶腿）。

【游戏活动结束】

教师表扬跳得好的孩子，并请孩子回家和爸爸妈妈一起玩游戏。

资料来源：3edu 教育网 http://www.3edu.net/

中班体育游戏：蒙面摸路

【游戏活动目标】

（1）练习蒙面行走，提高平衡能力。

（2）通过听辨声音方向判别目标方位。体验蒙面行走时，通过慢行、伸手触探、同伴提示等方法感受同伴关系的重要性。

（3）能积极、大胆地参加体育活动，并遵守游戏规则，勇敢往前走，坚持不偷看。

【游戏活动准备】

幼儿自制面具（每人一个）、音乐磁带、录音机。

【游戏活动过程】

1. 准备活动

（1）游戏：找到朋友拉成圈（幼儿听信号快速按要求拉成 2 人、3 人、4 人的小圈）。

（2）徒手操（自编）。

2. 游戏活动

（1）请幼儿出示面具并说：今天我们要戴上面具来游戏。眼睛看不到了，会觉得很不方便。在行走的时候要注意什么呢？

（2）游戏：让幼儿体验蒙面走（幼儿蒙面面对矮冬青站成一排，对准矮冬青走过去）。

（3）师生讨论：蒙面走路要注意什么？怎么才能走准？（蒙面前先看清方向，然后对准方向尽量走直线，行走要慢，并伸手探路。）

（4）师生讨论、尝试：自己一个人蒙面走路总是很不方便，要是有个朋友帮忙带着走就好了。幼儿结对尝试一个人蒙面一个人拉着手带着往前走。

（5）游戏“听音找人”：讲解、示范（请两位幼儿示范）。

游戏方法：幼儿分两边，相隔一定距离站立，一人蒙面后另一人在其周围某处说：“我是××，我在这里。”蒙面的人听到声音后迅速面对并用手指出声音的方位。可以变换方位再来几次。两人可以轮换游戏（仔细听辨声音的方向）。

（6）幼儿进行游戏，教师观察幼儿游戏情况并给予指导。

（7）鼓励幼儿尝试蒙面向相隔不远的（相隔2、3米），发出声音“我是×××，我在这里”的幼儿走过去并触摸。

（8）鼓励发出声音的幼儿变换方向，并且用语言提示蒙面的幼儿走去并触摸。

（9）游戏：“蒙面摸路”。教师交代游戏玩法与规则：幼儿分散站在大圆圈上，蒙面听教师指令：“刮风了”，幼儿随即在原地自转 3 周。教师在场地内任意一个地点拍手，“蒙面人”朝有声音的方向走去。当幼儿快要接近时教师换方向再拍手，幼儿随即改变方向，继续朝有声音的方向走。要求：游戏中幼儿不能拿下面具偷看，移动时不要太快，以免相互碰撞。

（10）请一组幼儿示范。

（11）幼儿集体进行游戏。

游戏活动结束：表扬游戏中听口令比较准确的学前儿童。

3. 放松活动

（1）放松游戏：我和影子做游戏。（如果天气不好就玩“卷炮仗”。）

（2）放松韵律操

资料来源：幼儿学习网 http://www.jy135.com/

大班体育游戏：椅子总动员

【游戏活动设计意图】

《幼儿园教育指导纲要（试行）》指出：“教育内容的选择，既要贴近幼儿的生活选择幼儿感兴趣的事物和问题，又要有助于拓展幼儿的经验和视野。”“椅子”陪伴着大班幼儿，即将走过三个春秋，是幼儿每天活动都离不开的工具。平时，孩子们喜欢有意无意地玩些椅子游戏，如把椅子当马骑、当摇椅、当独木桥等，但这些游戏往往因安全问题而被限制。为了满足孩子们好奇、好玩的心理，教师要引导他们用椅子开展游戏，激发孩子的创新思维，体验游戏的快乐。

【游戏活动目标】

（1）培养幼儿的合作意识，体验身体运动的乐趣。

（2）探索椅子的多种玩法，提高动作的协调性和灵活性。

【游戏活动准备】

椅子、奖牌、音乐。

【游戏活动过程】

（一）开始部分

（1）幼儿带椅子列队准备。

（2）幼儿听音乐，在老师的带领下做椅子操。

（二）基本部分

1. 幼儿第一次探索：自由探索椅子玩法

（1）教师引导："椅子的用处可真大，让我们想想椅子有哪些有趣的玩法呢？请你试试看。"

（2）幼儿进行自主探索，教师进行随机鼓励并指导。

（3）交流分享：请幼儿讲解并示范自己尝试的游戏玩法。

2. 幼儿第二次探索：合作探索椅子玩法

（1）教师引导："小朋友们的办法真奇妙！请你和小伙伴在一起试试看椅子还有哪些更有趣的玩法。"

（2）幼儿进行第二次探索，教师进行随机鼓励并指导。

（3）交流分享：请幼儿讲解并示范和小伙伴一起尝试的游戏玩法。

3. 幼儿第三次探索：进一步合作探索椅子玩法

（1）教师引导："请你和小伙伴用别人的方法玩一玩，还可以继续去发现新的玩法。"

（2）幼儿进行第三次探索，教师进行随机鼓励并指导。

（3）幼儿分组搭超级独木桥并尝试通过。

（4）比赛：超级独木桥。

（三）结束部分

（1）为幼儿颁发奖牌，师生分享成功的快乐。

（2）幼儿听音乐做放松动作，整理椅子。

资料来源：幼儿学习网 http://www.jy135.com/

三、体育游戏的基本特点与指导

（一）小班体育游戏的特点与指导要点

1. 特点

小班儿童喜爱游戏、好模仿，注意力不集中。他们对游戏中的动作、角色、情节、玩具都很感兴趣，但是对游戏的结果不大在意，规则意识和竞赛意识弱。往往有的规则也是游戏内容，如“老猫睡着了，小猫再出去玩；老猫醒了一叫，小猫就回来”，这既是游戏内容，又是游戏规则。

2．指导要点

教师讲解时要注重语言讲解和动作示范相结合，语言要形象、生动、简洁，在学前儿童游戏过程中逐步提出游戏规则。

（二）中班体育游戏的特点与指导要点

1．特点

中班学前儿童对游戏的结果有所注意，喜欢竞赛，关心胜负。游戏的规则也比较复杂，并带有限制性。结伴游戏、小组游戏、竞赛性游戏增加。

2．指导要点

教师进行语言讲解时，须结合动作示范，在游戏实践中提醒学前儿童注意遵守游戏规则，关注游戏结果，可根据情况适当开展游戏竞赛。

（三）大班体育游戏的特点与指导要点

1．特点

大班学前儿童对游戏的玩法有更强烈的创造欲望，能主动用规则引导和约束游戏动作，对结果有初步的预测和统筹。如“贴膏药”游戏，需要有快速的反应能力及迷惑对手的能力。协同活动的要求增加，如“二人三足”游戏。

2．指导要点

随着学前儿童语言的发展，教师可以多用语言讲解，尽可能减少参与学前儿童的游戏，要求学前儿童独立游戏，严格遵守游戏规则，争取最好的游戏结果，简单评价自己游戏的过程和结果，可开展稍复杂的游戏竞赛。

案例链接

玩了一段时间的“穿越迷彩网”，这个游戏慢慢不受孩子欢迎了。为了调动他们的积极性，老师适时地增加游戏难度，膝盖悬空爬行穿越陷阱，让游戏充满趣味性和挑战性。老师让孩子自己先摸索，有的孩子穿越陷阱时，两脚伸直并拢，这样可以使膝盖悬空而不掉落，只是在整个穿越过程中一直保持两脚并拢，会让他们身体紧绷，觉得很累。经过反复尝试，有人提出，当膝盖逐渐接近轮胎时，可以适当弯曲膝盖，让双脚发力即可，只是双脚不要分得太开。事实证明，孩子们通过一次次练习终于找到了膝盖悬空的爬行方法。

体育游戏本身具有一定的趣味性，由于学前儿童年龄小，自我保护意识差，预见行动后果的能力差，在活动中难免出现磕碰跌撞等情况，所以教师应注意引导学前儿童在游戏中做好自我保护。例如，在学前儿童进行四散跑和追逐跑时，教师应先进行奔跑动作的示范，再提醒学前儿童跑动时不能低头向前猛冲，要不时用眼睛和耳朵观察周围的情况，避免因相互碰撞而跌倒，即便在情境表演时也要学会避让；如果不慎跌倒，要防止头部着地；穿着膝、肘、踝等关节裸露在外的衣服时，在玩那些容易导致关节、皮肤受伤的运动游戏时，要做好相应的运动保护。

四、体育游戏活动的组织与实施

体育游戏的组织主要包括集合、创设游戏情境、交代游戏名称、讲解与示范游戏玩法和规则、游戏活动展开与游戏结束六个环节。其中第二个、第三个环节常常可以整合为一个环节。

1．做好游戏前的准备

组织与指导学前儿童游戏前，首先应对场地、玩具、器械进行安全、卫生方面的检查，清点投放的游戏材料是否充足；然后对学前儿童的服装鞋帽进行检查，以确定是否适合体育游戏，同时还要用通俗易懂的语言向学前儿童介绍运动安全常识。

2．集合

教师要提前把学前儿童组织起来，排成进行游戏所需要的队形，最好不要迎风和面向太阳站立，教师应站在幼儿都能看得见的位置。

3．介绍游戏的名称、玩法和规则

要选择适宜、富有趣味的内容和形式，讲解时要简明扼要，生动形象，既能激发幼儿学习游戏的兴趣，又能使幼儿对游戏有直观的印象，知道游戏的名称和玩的方法。对小班幼儿最好用游戏口吻，边讲边示范；对中、大班幼儿，较简单的游戏，一般在讲解后示范，较复杂的游戏，要边讲边示范，教师一人示范有困难，可以请能力较强的幼儿参与示范，有的动作，如钻爬，请幼儿示范的效果更好。

讲解和示范游戏玩法时要突出游戏规则，使幼儿有深刻印象，这是顺利进行游戏，保证动作质量和进行思想品德教育的前提。

4. 游戏活动展开

学前儿童明确游戏玩法和规则后，教师要激发他们参加游戏的兴趣，引导他们积极、主动参与各种游戏，在参与的过程中促进学前儿童的认知、动作、审美等多种能力的发展。

对小班幼儿，宜选择内容简单、有趣、身体动作技能要求低的游戏，如蚂蚁运粮食、小兔种萝卜，让幼儿模仿蚂蚁爬、小兔跳的动作，可以很好地激发小班幼儿参与体育游戏的兴趣与积极性。对中、大班幼儿，则可选择内容较复杂且有多个情节、动作技能具有一定综合性的游戏，使幼儿能随游戏的故事内容、情节变化而创造性地开展游戏。如炸碉堡的游戏即能为幼儿的创造性发挥留下想象的余地，在此游戏中，幼儿扮演“解放军”爬过铁丝网，跳过小沟，攀过围墙，来到碉堡前。当教师扮演的“敌军”出现时，幼儿趴着不动，“敌军”走了，幼儿才能把“炸弹”投向碉堡。这就要求幼儿具有敏锐的观察力与快速的反应力，并能与“敌军”巧妙斡旋，引开“敌军”的视线，找到投“炸弹”的机会。

5. 游戏结束

游戏的结束应在幼儿对游戏已感到满足，但又不很疲倦的时候。小班最好结合游戏的情节自然结束，如说：“天黑了，小猫快回家吧！”幼儿跟随老师离开活动场地，自然转入其他活动。中、大班应简要小结游戏进行的情况，肯定优点，指出缺点和需要改进的地方，启发幼儿继续游戏的兴趣和愿望，但不要形成训话。

游戏活动演练

游戏 1：大风吹

游戏目的：训练学生的反应速度

游戏规则：10 人一组，9 把椅子，老师说“大风吹。”学生问“吹向哪？”老师说“吹向长头发的同学。”那么所有长头发的同学立刻站起来抢椅子，抢不到椅子的同学就输了，罚表演一个节目。老师再说：“小风吹。”同学问“吹向哪？”老师说：“吹向穿红衣服的人。”那么所有穿的不是红衣服的同学立刻站起来抢椅子，抢不到的就罚表演节目。

游戏 2：《小鱼游来了》

游戏目的：发展手脚协调能力，培养躲闪能力

游戏规则：事先学会游戏歌曲。请出 4～5 名学生做小鱼，其余同学手拉手做“网”状。学生边唱边做鱼游状（手一前一后摆动，小碎步走）穿过“渔网”。“一群小鱼游来

了，游来了，游来了。一群小鱼游来了，快快抓住。”当唱到抓住这最后两个字时“收网”，哪条“小鱼”被抓住就要被红烧或清蒸（请一位学生做厨师）。最后剩下的那条小鱼为胜利者。

知识与技能检测

1. 简答题

（1）什么是体育游戏？

（2）体育游戏活动设计一般包括哪几部分内容？

2. 案例讨论题

某些家长对孩子的说教："只要你学习好，妈妈什么都答应你。""不要跑，小心摔跤。""练什么轮滑呀，你看一不小心倒在地上，胳膊就碰出血了。""别去放风筝了，咱们在家画画吧。"不少家长在学习上让孩子背上沉重的包袱，在生活上过于迁就孩子，过度保护，过分疼爱孩子，答应孩子的所有无理要求。

诊断：这是一种迁就式的疼爱。这种过度宠爱和保护，不让孩子参加体育锻炼，事实上会害了孩子。这些孩子成人后往往不能吃苦，意志薄弱，经不起挫折，独立性差，人际关系紧张，遇到问题束手无策。

阅读以上案例，请你结合本节内容，以幼儿教师的身份给家长指点一下迷津，并提出相应的建议。

3. 实训项目

（1）请自定主题，为中班学前儿童设计一份体育游戏活动方案。

（2）结合幼儿园见习，组织一次体育游戏活动，并做好观察，提出具体的游戏指导策略。

第二节　智力游戏活动设计

智力游戏是指以发展学前儿童智力、智力品质和智力技能为主要目标的规则游戏。智力指观察力、注意力、记忆力、思维力、想象力和创造力，其中思维力是智力核心。智力品质指智力活动，特别是思维活动中智力特征在个体身上的表现，包括敏捷性、灵活性、深刻性和批判性。智力技能指智力活动的操作方法，有观察的方法，如方向的观察等；思维的方法，如分析和综合、比较和归类、简单的概括等。例如，“走迷宫”能在学前儿童猎奇、好胜、娱乐的心理驱动下，调动学前儿童的注意力、观察力、比较能力、分析能力等，让学前儿童观察的仔细性、思维的灵活性等获得发展，如果迷宫再赋予一定的知识内容，可建构学前儿童的相关知识经验，可为其智力发展奠定丰富的物质基础。

案例导入

每天晚饭后是彤彤一家最快乐的时光，三口之家一起做游戏、唱歌、听音乐，笑啊，闹啊，玩得可高兴了。有一天晚饭后，妈妈提议道：“我们今天做一个词语接龙的游戏吧！”“词语接龙？妈妈，怎么玩呀？”彤彤问。妈妈说：“这词语接龙呀，就是爸爸先说一个词，然后你用这个词的最后一个字作为开头另说一个词语，我再用你说的词语的最后一个字再说一个词语，重复进行，但不能说重复的词，比如天天、娃娃，明白了吗？”彤彤答道：“好啊好啊，我还没玩过呢，我要玩，我要玩……”新的游戏又其乐融融地开始了……

思考与讨论：

1. 彤彤一家玩的游戏是属于规则性游戏中的哪一类？

2. 彤彤一家玩的词语接龙的游戏可以发展哪方面的能力？

一、智力游戏的分类

按照游戏的作用可以把智力游戏分为以下几种。

1. 感官游戏

感官游戏是训练学前儿童的听觉、触觉等各类感觉器官的游戏，如“听听谁在叫”（见图 3-5）、奇妙的口袋（小班可将学前儿童认识的水果放进袋子，让学前儿童通过触觉或嗅觉猜辨水果，说出名称。中班可将同一个季节中能有的水果和坚果放进袋子里，让学前儿童通过触觉或嗅觉等判断里面有几种水果。大班可以让学前儿童自己将水果等放进去，自己制定规则开展游戏。）

2. 比较异同的游戏

比较异同的游戏，如幼儿在两张相同的图片上找出有几处不同（见图 3-6）。

3. 分类游戏

分类游戏，如幼儿把玩具放回玩具柜的相应格子（“玩具送回家”）的游戏。

图 3-5 游戏“听听谁在叫”

图 3-6 游戏“眼力比拼”

案例链接

游戏目的：乐于参与集体游戏，感受并区分红、黄、蓝、绿等颜色。

游戏准备：数量充足的五颜六色的小球，4 个贴好颜色标志的小筐子。

游戏过程：

（1）教师用游戏的口吻给学前儿童提出任务：“草地上藏着很多五颜六色的小球宝宝，天快黑了，我们赶快找到球宝宝，把它们送回家吧。”

（2）请学前儿童找到球并放进带有相应颜色标志的筐子里。

这个智力游戏就是根据小班幼儿的智力发展特点而设计的，使学前儿童在愉快的游戏活动中增进对颜色的认知，并提高参与集体游戏活动的能力。

资料来源：妈咪爱婴网 http://baby611.com/

4．记忆游戏

记忆游戏如“猜猜什么不见了”（让学前儿童先仔细观看桌上摆放的物品，然后拿走一样或几样物品，让学前儿童说说桌上什么物品不见了）。

5．数学游戏

数学游戏如“看谁算得快”（选用扑克牌中数字从 1～5 的牌，两个学前儿童每人每次只出一张牌，谁先把两张牌的加数报出来，谁就赢，见图 3-7。

图 3-7 游戏“看谁算得快”

6．语言游戏

语言游戏如绕口令、谜语等。

案例链接

绕口令《学捏梨》

盘里放着一个梨，桌上放块橡皮泥。

小丽用泥学捏梨，眼看着梨手捏着泥，比比，真梨、假梨差不离。

7. 迷宫、纸牌和棋类游戏（见图 3-8）

图 3-8　棋类游戏

二、智力游戏活动设计

智力游戏活动设计应把握以下四点。

1. 游戏任务

游戏任务是指游戏时对学前儿童提出的要求，游戏任务必须根据学前儿童身心发展水平提出，以便学前儿童理解和实现。很多智力游戏的名称就简单明了地体现出游戏任务，如猜猜我是谁。

2. 游戏玩法

游戏玩法是指游戏如何开始、怎么进行、如何结束。游戏玩法差异较大，但必须适合学前儿童的发展水平，能激发其参与游戏的兴趣，乐意积极、主动完成游戏中提出的任务。

3. 游戏规则

游戏规则规定了游戏动作的顺序以及游戏中被允许或被禁止的行为，规则是外显的，是约定俗成的或是由成人事先规定好的。规则可以约束或调整学前儿童的行为，保证游戏目标的实现。

4. 游戏结果

游戏结果和游戏任务前后对应，是学前儿童在规则游戏中追求的目标，是学前儿童在游戏中应完成的任务，能给学前儿童带来成功感和自豪感，并激发其进一步参与游戏的积极性。

游戏设计范例

小班智力游戏：表情娃娃

【游戏活动目的】

引导幼儿感知颜色、感知数量。

【游戏活动准备】

魔法书（红、黄、绿、黑）、各种卡片、一串珠子。

【游戏活动过程】

游戏玩法：

1. 语言引导、激发兴趣

师："表情娃娃和我们一起玩游戏，动动脑筋把它们找出来。"

2. 感官练习、感知数量

（1）打开红色魔法书：2 只苹果，找出 2 号房间的娃娃——鬼脸娃娃。

（2）打开绿灯魔法书：3 条鱼，找出 3 号房间的娃娃——惊讶娃娃。

（3）打开黑色魔法书：摸出箱子内的珠子数（4 颗），找出 4 号房间的娃娃——伤心娃娃。

（4）打开黄色魔法书：听老师敲 5 下鼓声，找出 5 号房间的娃娃——开心娃娃。

3. 全都找出来后，教师请小朋友们学做各种娃娃表情，并且随着音乐跳舞。

资料来源：嵊州市教研网 http://www.szsjyw.com/

中班智力游戏：解绳结

【游戏活动目标】

幼儿能坚持将绳子上打的结解开，不怕失败。

【游戏活动准备】

幼儿穿珠用的绳子若干。每一根绳子打 5～8 个结；定时钟一只；小苹果贴花。

【游戏活动过程】

游戏玩法：

（1）任意拿出一根打结的绳子，观察绳结。

（2）按自己的方法逐一解开绳结，直到解完该绳上所有的绳结为止。

（3）继续取一根打结的绳子，将绳结解开。

（4）坚持 10 分钟，每解完 3 根绳可以给自己贴上小苹果贴花一个。

游戏规则：

（1）必须将一根绳上所有结解开才能解第二根绳结。

（2）游戏开始，教师拨好定时钟，必须在规定时间内，解完 3 根绳结才能贴一个小苹果贴花。

游戏结束：表扬一直坚持解绳结的小朋友。

资料来源：幼儿学习网 http://www.jy135.com/

大班智力游戏：抽牌凑数

【游戏活动目标】

1. 提高分析、概括及速算反应能力；

2. 掌握 3 以内数的组成，加减运算初步理解加法互换、加减互逆的关系。

【游戏活动准备】

每人剪 3 张同样大的纸片当“牌”，用小纽扣在牌上分别画 1～3 个小圆点，并写上相应的数字。

【游戏活动过程】

游戏玩法：幼儿自愿结合，每两人一组进行游戏，以“剪子、石头、布”决胜负，胜者先抽牌，另一名幼儿凑数，进行 3 以内的加减运算练习，算得对又快的幼儿得红花一朵，游戏结束，红花多的幼儿为胜。

游戏规则：牌面朝下，每次只能抽一张，多抽不抽都视为违规。

资料来源：小精灵儿童网 http://new.xjlet.com/

三、智力游戏的基本特点及指导

（一）小班智力游戏特点及指导要点

1. 特点

小班学前儿童的智力游戏任务侧重感知能力发展，多在实物材料的操作中进行，游戏动作、规则简单。

2．指导要点

小班侧重享受与成人一起玩规则游戏的过程，积累规则游戏的经验。小班的智力游戏多是利用玩具进行的，教师首先要考虑如何通过游戏玩具的出现激发学前儿童的游戏兴趣。在游戏中，教师的讲解要生动、简单、形象，有些讲解可以和示范动作相结合，以吸引学前儿童的注意力，同时要不断提醒他们遵守游戏规则。规则在小班中使游戏更趋向于“好玩”，因而可以允许学前儿童做适度改变。

（二）中班智力游戏特点及指导要点

1．特点

中班学前儿童的智力游戏任务侧重思维能力、观察力和想象力的发展；除运用实物玩具和材料外，增加了语言游戏的成分；游戏动作、规则变得复杂，增加了竞赛因素。

2．指导要点

为学前儿童提供更多需要伙伴的互补性规则游戏。这种游戏是双方做不同的事，都在争取“结果”，但意义却不同。如追逐游戏中，“追”和“逃”是不同的动作，却是互补的动作，彼此在不同的游戏策略中享受“结果”带来的不同体验。对规则的坚持方面，中班和小班是同样的，游戏注重“好玩”，可以允许学前儿童对规则做适度改变，但要对游戏进行指导及需要示范和讲解游戏的玩法和规则。

（三）大班智力游戏特点及指导要点

1．特点

大班学前儿童游戏的任务侧重思维的有意性、各种智力品质和创造力的发展；难度增加，综合性增强；游戏动作和规则更加严格、复杂。

2．指导要点

大班侧重为学前儿童提供有认知难度的规则游戏，因为这个阶段的学前儿童普遍关注游戏的结果，所以具有挑战性的游戏对学前儿童才有吸引力。大班学前儿童智力游戏的指导主要靠语言进行，教师要依靠语言讲解游戏，要求独立进行智力游戏，并严格遵守游戏规则，争取最好的游戏结果。教师还可以要求学前儿童对自己的游戏结果进行适当的评价。

四、智力游戏活动的组织与实施

（一）做好智力游戏的准备工作

1．选编适合的智力游戏

只有适合学前儿童的游戏才能真正促进学前儿童的健康发展。教师应根据教育目标和学前儿童的身心发展特点有组织、有计划地创编合适的游戏。游戏既要依托学前儿童的现有发展水平，以激发他们游戏兴趣，又要促进学前儿童在现有水平上获得进一步的提高，给予他们成功的体验，引导学前儿童不断发展。游戏的任务、玩法过难或过易都会影响他们游戏的积极性。

2．教师首先要熟悉游戏规则

在组织学前儿童开展游戏前，教师首先自己要熟悉游戏任务、玩法、规则，预测在游戏中孩子可能出现的问题以及解决办法，思考组织学前儿童开展游戏的可行性方式，教师相互之间可以多交流、探讨，也可以模仿孩子试做一下，在实践中发现问题、解决问题，为指导学前儿童做好充分准备。

3．确定游戏时间，准备场地和材料

教师要为学前儿童提供游戏时间，时间长短视具体游戏而定。教师要根据游戏的性质和内容，确定合适的游戏场地。教师要根据学前儿童的特点尽可能选取丰富、合适的游戏材料，激发他们游戏的兴趣，减少学前儿童消极等待的时间。

（二）教会学前儿童正确地玩游戏

每一个游戏都有一定的任务、玩法和规则，学前儿童需要理解并掌握游戏的玩法和规则后才能玩，这就需要教师注意“教”的方法和策略。教师讲解时，要尽可能运用形象、生动的语言和必要的示范让学前儿童明确游戏的名称、玩法及规则。教师讲解的方法有很多种，可以借助多媒体课件展示，可以老师展示，也可以在和孩子玩游戏的实践过程中边玩边教。教师在学前儿童游戏过程中应着重强调游戏的玩法和规则。

（三）组织学前儿童积极参与，进行有针对性的指导

学前儿童明确游戏的玩法和规则后，教师还要激发学前儿童游戏的兴趣，引导他们积极、主动参与各种游戏，在参与的过程中促进学前儿童的认知、动作、审美等多种能力的发展。

（四）做好游戏的结束工作

教师要引导学前儿童收拾游戏材料和场地，根据学前儿童游戏情况做出必要的评价，保持学前儿童继续游戏的兴趣。

游戏活动演练

游戏 1：传达室

游戏目的：训练学生的反应能力

游戏规则：学生 3 人围坐在一起，先由 1 人做一个动作如拍肩，其他两个人依次跟做此动作，当第二个人做完后，第三个人继续传拍肩的动作，然后第一个人再变换动作，其他人继续传，看能传多久动作不断。

注意事项：

（1）至少 3 人参加此游戏，所传动作最好是手上动作。

（2）做传的动作前双手合拍一次，保持重复动作的节奏，速度由慢到快，玩熟后可将所传动作在一直保持的基础上变化，即把动作累加，增强难度。

游戏 2：官兵捉贼

游戏目的：训练学生的意会能力。

游戏规则：4 人一组，不能有提示。将 4 张写有“官”“兵”“捉”“贼”字样的纸折叠起来，参加游戏的 4 个人分别抽出一张，抽到“捉”字的人要根据其他 3 个人的面部表情或其他细节来猜出谁拿的是“贼”字，猜错的要罚，由猜到“官”字的人决定如何惩罚，由抽到“兵”字的人执行。

知识与技能检测

1．简答题

（1）如何组织智力游戏活动?

（2）按照游戏的作用可以把智力游戏分为哪几类?

2．案例讨论题

现在的孩子都是独生子女，在家里几乎都是衣来伸手，饭来张口，玩具只负责玩，玩完后自然有大人收拾好，这种习惯也被带到了幼儿园。根据孩子们的这些问题，组织智力游戏“把玩具送回家”，教育孩子游戏后收拾玩具，从哪儿拿的放回哪儿去。经过一段时间的训练，孩子们都知道应该怎么做，而且也收拾得很整齐。利用家长接孩子的时间，老师问了几位家长，孩子在家里是否也跟在幼儿园一样，也养成了这种良好的习惯，结果大部分的父母说，孩子在家里还是一如既往。

阅读以上案例，请你就在培养孩子良好习惯方面，对家园共育写一份倡议书。

3．实训项目

（1）以“眼力大考验”为主题，为大班学前儿童设计一份智力游戏活动的方案。

（2）从全班选出一份优秀方案，自行设计讲课稿，进行讲课比赛。

第三节 音乐游戏活动设计

音乐游戏是学前儿童在音乐伴奏或歌曲伴唱下进行的游戏，它把音乐和动作有机结合在一起，在游戏中发展学前儿童的音乐感知能力和身体动作。这种游戏把学前儿童喜爱的音乐、动作和游戏相互结合，是学前儿童喜爱的游戏形式。

案例导入

这次的音乐内容是“自制响瓶”。幼儿每人选择一个瓶子，装一勺木珠放入瓶子里，然后拧好盖子，就做好一个响瓶乐器了。孩子们认真地往瓶子里装木珠。田田和乐乐在一边嘀嘀咕咕，不知道在商量什么。一会儿，乐乐来到老师身边，问：“老师，我想往里面放别的东西，可以吗？”。老师肯定地说：“可以啊。”他们来到自然角，先往瓶子里装了黄豆，晃了晃，又倒了出来，又往里面装黄豆、绿豆、小米……他们一边听着不同的声音，一边开心地笑着。“放进小米摇晃一下，像海浪的声音。”“把豆子放进去摇晃一下，像正在演奏一首曲子。”“把木珠放进去，好像很多人在敲门。”孩子们高兴地说着。“多像打击乐器啊！”不知谁大声说，孩子们开心地玩起了打击乐器。

思考与讨论：

1. 当孩子有创新的欲望时，老师没有训斥和阻止，而是同意了孩子的想法，你对这位老师的做法认同吗？

2. 发现游戏中偶发事件隐含的教育价值，对孩子的发展有什么积极作用？

一、音乐游戏的分类

音乐游戏是幼儿园艺术教育中非常重要的教学形式。常见的游戏形式主要有唱歌游戏、节奏游戏和舞蹈游戏。

（一）唱歌游戏

寻找和发现音高，辨别乐器声音，以游戏的方式享受唱歌的乐趣。

案例链接

学前儿童站成里外两个圆圈，面对面站立，分别戴上太阳和月亮的胸饰，扮成“太阳”和“月亮”。当听到“sol”音时，“太阳”站起来把手向上升，“月亮”蹲下双手抱脚。当听到“mi”音时，则相反，“月亮”站起来把手向上升，“太阳”蹲下双手抱脚，一升一蹲好像玩跷跷板。

（二）节奏游戏

学前儿童节奏游戏就是幼儿通过拍打身体、敲击弹奏乐器或打击生活物品进行节奏练习的游戏，它是培养学前儿童节奏感，感受音乐美，调动学习节奏知识（见图3-9），练习节奏技能的有效途径，学前儿童对节奏的感知是遵循：感知、体验节拍—感受音符时值的长短—发现、感知音符组合成的节奏—多声部节奏活动的规律进行的。依据节奏游戏作用的不同可以将学前儿童节奏游戏分为问候游戏、调节律动、配对游戏、结束游戏四种。

图 3-9　学习节奏

案例链接

听声音画画。用不同线条表达听到音乐的感觉，小班可以选择直线、折线、弧线、点线等；中班可以用简单图线；大班可用近似节奏的走向完成音乐绘画。

案例链接

猜猜是什么在发出声音。场地中布置四个贴着单面鼓、三角铁、响板、沙锤图案的大圆圈，老师将乐器藏在身后，进行敲击，学前儿童在听到乐器发出的声音后，迅速跳入相对应的圆圈里，不能迅速跳入相对应的圆圈的学前儿童出局。

（三）幼儿舞蹈游戏

肢体游戏是以肢体动作为主要形式和内容的游戏，这种游戏使学前儿童在获得游戏快乐的同时，使肢体动作更加协调、优美、舒展。按照游戏的内容可将幼儿舞蹈游戏分为律动游戏、歌舞表演游戏（见图 3-10）、集体舞游戏和专门的舞蹈游戏四种。

图 3-10　爱我中华

二、音乐游戏活动设计

1．唱歌游戏的设计

（1）唱歌游戏的歌曲选择应注意符合学前儿童的年龄特征。如节奏简单、篇幅短小，尤其是演唱音域要求，小班的歌曲必须在八度以内，中、大班的歌曲可在九度以上。

（2）唱歌游戏设计可以和其他艺术形式或其他领域的知识和技能相结合，以增强游戏的趣味性。

2．节奏游戏的设计

（1）节奏游戏的设计应遵循个体掌握节奏的发展规律。

（2）节奏游戏的方式和材料应丰富多样。

3．幼儿舞蹈游戏的设计

（1）舞蹈游戏中舞蹈动作的设计要符合学前儿童的年龄特征。

（2）舞蹈游戏的玩法设计要情节有趣、结构精巧，富于模仿性、情境性和创造性。

游戏设计范例

小班音乐游戏：老鼠画猫（歌唱活动）

【游戏活动目标】

（1）初步熟悉歌曲的旋律，理解歌词，学会演唱歌曲《老鼠画猫》。

（2）积极参与歌唱活动，尝试用说唱形式演唱歌曲，体验用滑音唱法表现歌曲诙谐、幽默的风格。

【游戏活动准备】

（1）画有轮廓的纸、粗水彩笔。

（2）音乐《老鼠画猫》。

【游戏活动过程】

1．教师以小老鼠的角色导入，谈话引题

（1）教师扮演小老鼠，模仿老鼠的动作，发出"吱吱吱"惊慌失措的叫声。

教师："吱吱吱，啊，谁来了？快躲起来！小朋友们，你们知道我为什么害怕吗？"

（2）引导讨论，了解特征。

教师提问："你们知道我最怕谁吗？"（猫）

"你们知道我为什么最怕猫吗？我最怕猫身上的哪些地方（爪子、牙齿、眼睛等）呢？"

（3）启发想象，理解歌词。

① 教师鼓励幼儿大胆表达自己的想法，并用动作把猫的样子比画出来。

师："有一天，我梦见自己有一只神奇的画笔，我要用这只神奇的画笔把猫画成不会抓老鼠的猫！小朋友们，快帮我想想，要把猫画成什么样呢？"

② 教师边唱歌曲《老鼠画猫》，边在纸上画出歌词中唱到的猫的样子，帮助幼儿理解歌词。

师："多谢小朋友们帮我出主意，我小老鼠现在就开始画猫了！"

2. 学唱歌曲

（1）（现在，请小朋友们跟我一起边唱歌曲边画猫吧！）教师指着画面，引导幼儿跟随音乐学唱歌曲，着重练习“小老鼠”和“胡子翘”的滑音唱法。

（2）帮助幼儿理解歌曲中“哎呀”一句的含义。启发幼儿唱好歌里几句能表现小老鼠很得意的样子的歌词。

（3）引导幼儿尝试用说唱的形式演唱歌曲。

（4）动作表达。

师：“现在我用这只神奇的笔把你们都变成小老鼠，我们一起边唱边跳吧！”

（重点鼓励幼儿用动作表演来表现歌曲诙谐、有趣的风格，要把小老鼠得意、滑稽的样子唱出来、做出来。）

（5）尝试用词语“哈哈、嘻嘻、呵呵”等来表现歌曲诙谐、幽默的风格。

① 教师提问：“我们画了一只这样的猫，你们的心情怎么样啊？你们得意的时候会怎么笑呢？”（哈哈、嘻嘻、呵呵）

② 教师尝试将衬词带到歌曲中，带领幼儿完整演唱。

- 幼儿唱歌词，老师唱衬词。
- 幼儿分两组，一组唱歌词，一组唱衬词。

3. 以音乐游戏的形式结束活动

师：“现在我们到外面去玩《猫和老鼠》的游戏吧！请一个小朋友扮演小花猫，我们一起扮演小老鼠，我们边走边唱歌曲，唱完后就赶紧站在原地保持一个姿势不要动，如果乱动被小花猫发现了就要被抓住了！好吗？现在我们就一起出去玩吧！”

资料来源：妈咪爱婴网 http://www.baby611.com/

中班音乐游戏：火车呜呜叫

【游戏活动目标】

（1）锻炼幼儿有节奏的律动表演，培养幼儿的节奏感受力。

（2）使幼儿感知速度变化与节奏长短的关系。

（3）让幼儿体验火车启动和行走时的不同节奏特点。

【游戏活动准备】

电子琴、录音机、磁带、光碟、节奏卡片。

【游戏方法】

参加游戏的幼儿按照火车启动和行走时的不同节奏，进行相应的律动表演，在游戏中让幼儿体验速度快慢与节奏长短的关系。

【游戏规则】

（1）幼儿必须有秩序，根据节奏进行表演。

（2）幼儿游戏时不能相互推挤。

（3）集体游戏。

【游戏活动过程】

1. 节奏练习

2/4 × × × × | × × × × × × × × | × × × × | ×- - -

师："小小火车开动了！"

幼："呜，呜，呜，呜，嚓嚓，嚓嚓，嚓嚓，嚓嚓，呜，呜，呜，呜，呜……"

要求：

（1）教师讲解示范，让幼儿感知节奏的长短和速度的变化。

（2）教师出示节奏卡片，幼儿模仿打节奏。

（3）打节奏同时穿插儿歌，有节奏地朗诵。

2. 学习新课

（1）教师导语引入："小朋友们都坐过火车吗？火车发出的声音是怎样的？板书课题《火车呜呜叫》。

（2）引导幼儿看碟、听录音机，通过启发性提问让幼儿感知火车快慢的速度变化及声音特点。

① 幼儿讨论火车启动与行走时的速度变化及鸣笛时的声音。

② 教师小结。

火车启动时较慢：× × × ×，行走时较快：× × × × × × × ×，火车鸣笛声音慢又长：×—×—。

（3）教师弹唱《火车呜呜叫》，让幼儿根据歌曲的音乐特点，进行模仿声音和动作练习，更进一步感知、体验速度与节奏的关系。

① 教师弹唱歌曲，幼儿有节奏地打拍子。

② 幼儿模仿火车鸣笛：×—×—× ×，同时手做拉汽笛状。

③ 幼儿模仿火车启动、行进。

上身动作：节奏× × × ×部分（旋律：1 5 5 5），左手搭在前面小朋友的肩上，右手每两拍在体侧屈肘环绕一圈；节奏×× ×× ××××部分（旋律：15 55 1555），每一拍屈肘环绕一圈。

下肢动作：节奏× × × ×时，每拍踏一次脚，左右交替。节奏× × × × × × × ×时，按节奏做小碎步。

3. 音乐游戏表演：开火车

（1）熟悉《火车呜呜叫》的音乐旋律。

（2）教师说明游戏规则，组织全体幼儿排成一纵队，按鸣笛、启动、上山、下山、转弯等指令，在《火车呜呜叫》的音乐伴随下做开火车的游戏。

（3）游戏中让幼儿体验火车进行中的速度变化，培养幼儿的节奏感。

4. 活动延伸

通过此次游戏，进一步启发幼儿对其他音乐方面的探知，例如，火车进站和出站时，声音和动作可以表现出音乐的渐强和渐弱。

资料来源：妈咪爱婴网 http://www.baby611.com/

大班音乐游戏：请你和我跳个舞

【游戏活动设计意图】

舞蹈是学前儿童表达生活体验最主要的方式之一。邀请跳舞是一个有助于孩子在游戏中学会交往的方式。《请你和我跳个舞》这是一首德国儿童歌曲，表现儿童在游戏中互教互学、携手共舞的友情和欢乐。本次活动的音乐节奏明快，便于小朋友表现和创作，非常适合大班学前儿童的年龄特点。

【游戏活动目标】

（1）掌握邀请舞的基本礼仪和跳法，并分清左右。

（2）能合拍协调的完成动作，学会与同伴合作，体验与朋友一起唱歌跳舞的乐趣。

【游戏活动准备】

幼儿在课前能区分左右脚，会唱本首歌曲、花环每人一个。

【游戏活动过程】

1. 游戏导入

（1）师："小朋友，高兴的时候你们会做些什么事情呢？"（幼儿讲述）

师："想唱歌、大笑、跳舞……我们都想把自己的快乐心情与好朋友分享。那我们一起来唱首歌吧!"（教师弹曲子）《认识你呀真高兴》。

歌词：你呀我呀，我们是一对好朋友。拉拉手呀，亲一亲呀，转个圈儿笑哈哈。我们拍拍手，扭扭屁股跺跺脚，我们点点头，动动肩膀蹲下来，我们转转手，找个朋友抱一抱。

（2）师："我们都找到了好朋友，牵着你的好朋友围成圈站着。"

（3）师："你们手腕上的小花它想和你的右脚做朋友。（快快快，花儿跑到小脚腕）跑到你的小脚腕上了吗？"（幼儿戴花做标记）

师问："戴花的是哪只脚？"（幼：右脚）"不戴花的是哪只脚？"（幼：左脚）

（4）师："好，我们一起来玩个游戏。"——（念白）

内容：右脚右脚踏踏，左脚左脚翘翘，右脚右脚踏踏，左脚左脚抱抱，右脚右脚踏踏，左脚左脚伸伸，伸右脚（踏踏），伸左脚（踏踏），垫起脚尖长高了，伸右脚（踏踏），伸左脚（踏踏），转个圈儿踏踏踏。

2. 学习基本动作

师："小脚表演得真棒，又听指挥又有节奏。"

师："坐下来休息一下，听一段音乐。"（放音乐《请你和我跳舞》，幼儿边听边唱。）

（1）师："歌里说请你和我跳个舞，如果你去请好朋友做游戏跳舞，你会怎么请?谁来做个'请'的动作"（个别幼儿学习动作）。

师："我们来学学××的动作，伸出手说'请你跟我跳个舞'被邀请的小朋友要怎么说？怎么做动作？"（我就跟你跳个舞）

师："那还有什么好看的邀请动作？"（幼：弯腰请、提裙子请、拉手请……）

（2）教师用游戏让幼儿体验并了解邀请舞的方法。

师："刚才小朋友想出了好多邀请的动作，那邀请朋友应该有礼貌，眼睛要看着谁呀？"（好朋友。）

① 老师先来做邀请者，找一个好朋友。

师："（唱）请你和我跳个舞，（我就和你跳个舞）我们双手拉起来，伸右脚，伸左脚，转个圈儿站站好。"

② 师："你们谁想和我一起去请好朋友。（个别幼儿邀请）你们看，现在邀请的人变成几个了？（4、6……）还有谁想来邀请？"（再玩一次。）

教师小结："邀请的人越来越多，朋友也就越来越多。这样的邀请舞，喜欢吗？"

3. 根据音乐创编动作

（1）师："那和老师一起听音乐一起跳舞吧！双手拉起来变成一个大圆圈。"（放音乐）师生一起表演，一边唱一边跳舞。

（2）师："那请我们的男孩子不动，女孩子主动邀请男孩子来跳个邀请舞。"

师："跳得开心吗？想再来一次吗？"

4. 邀请客人老师跳舞

（1）师："今天来的都是客人，我们是小主人，我们应主动邀请客人来跳舞，现在开始吧。"（完整地放音乐）

（2）教师小结："今天我们学会跳简单的邀请舞，真棒！原来大家一起跳舞是件这么快乐的事情，让我们把快乐带给更多的人，好吗？幼儿自由结伴听着音乐跳舞。"

资料来源：小精灵儿童网 http://new.xjlet.com/

三、音乐游戏的基本特点与指导

（一）特点

在音乐游戏中，音乐和游戏是相互促进、相辅相成的。音乐对游戏起着指挥、促进和制约的作用，而游戏又能帮助学前儿童更具体、更形象地感受和理解音乐，获得一定的情绪、情感体验。音乐游戏有音乐性、动作性、游戏性的特点，如"网小鱼"游戏，在"许多小鱼游过来了"的歌曲中，学前儿童会自主表现小鱼不同的游动动作，会灵活地躲避渔网，在音乐的伴随过程中通过听一听、唱一唱、玩一玩的方式，在愉悦、自由、有趣的游戏活动中，感受音乐的美，体验游戏的快乐。音乐游戏要具有一定的情景性，它能很快调动学前儿童的积极性，并吸引他们自主大胆地融入到活动当中。音乐游戏虽然也有规则，但是也要给学前儿童自由表现和创造的空间，让他们感受到音乐和游戏的自由美。

（二）指导

教师在指导学前儿童游戏时要针对各年龄段的具体特点，有侧重地进行指导。

小班：教师讲解时要注重语言讲解和示范相结合，语言要形象、生动、简洁，在学前儿童游戏过程中逐步提出游戏规则。

中班：教师进行语言讲解时仍须结合示范，在游戏实践中提醒学前儿童注意遵守游戏规则，关注游戏结果，可根据情况适当开展游戏竞赛。

大班：随着学前儿童语言的发展，教师可以多用语言讲解，尽可能减少对学前儿童游戏的参与，要求学前儿童独立游戏，严格遵守规则，争取最好的游戏结果；简单评价游戏的过程和结果，可开展稍复杂的游戏竞赛。

四、音乐游戏活动的组织与实施

1．做好游戏前的准备工作

根据游戏的性质和内容，确定合适的游戏场地，音乐游戏一般需要相对宽敞的场地，以保证学前儿童获得足够的活动空间，保证游戏取得预期的效果。此外，还要做好玩具的准备工作，为学前儿童提供适宜的游戏材料，进而吸引学前儿童自主参与游戏活动，促进游戏情节的发展。

2．介绍游戏的名称及主要内容

介绍游戏的名称及玩法，教师讲解时，要尽可能运用形象、生动的语言，语言要简洁。

3．学前儿童熟悉游戏中的音乐

营造情境化的游戏氛围，让学前儿童感受音乐，通过预设情境化的游戏氛围，让学前儿童轻松、自然地融入音乐作品的意境中。

4．学前儿童学习游戏中的歌曲或动作

游戏中应淡化专业要求，如唱歌游戏应淡化音高音准，节奏游戏应淡化术语，舞蹈游戏应淡化舞蹈动作，强调游戏的玩法及规则，重要的是让学前儿童获得游戏的快乐。

5．带领学前儿童进行游戏

音乐游戏中，学前儿童是游戏的主体，教师起主导作用，老师要把握好这个度，让孩子成为音乐游戏的主人。在游戏过程中，激发学前儿童用自己的生活经验创编音乐的情节、角色、动作等。

6．做好游戏的评价以及收拾整理场地工作

通过评价游戏，教师可以进一步了解学前儿童的游戏情况，丰富游戏情节，提高孩子解决问题的能力。不过并不是每次游戏后都需要开展游戏评价，可以根据具体情况灵活处理。

游戏结束后，引导学前儿童收拾玩具、整理场地，既是本次游戏的完整结束，又能为顺利开展下次游戏提供必要的基础和条件，同时还可以培养学前儿童独立做事、善始善终的良好习惯。

游戏活动演练

游戏 1：音乐游戏《猜歌名，叠报纸》

游戏目的：培养学生的快速反应能力。

游戏规则：找两张报纸粘在一起，两人一组，站在报纸上。教师放音乐的前奏部分，听出歌曲名字的就报出名字，没有报出名字或较慢报出名字的一组就把报纸对折，继续站在上面。每输一次就把报纸对折一次，直到不能继续站在报纸上的一方为输。不管采取何种方式，都要保证两人是站在报纸上的。

游戏 2：音乐游戏《可爱颂》

游戏目的：培养学生的创编能力。

游戏规则：

（1）播放音乐《可爱颂》；

（2）师生一起根据音乐歌词和节奏创编舞蹈动作；

（3）师生根据创编动作一起边唱边跳。

知识与技能检测

1．简答题

（1）如何组织音乐游戏活动？

（2）幼儿园音乐游戏分为哪几类？

2．案例讨论题

某老师：“这个动作应该这样做，你的手要和老师的一致。”“好好看老师怎么做，看谁学得最像，就评她为咱们班的小小舞蹈家。”

阅读以上案例，你觉得老师的做法合适吗？为什么？作为一名幼儿教师，我们应该怎么鼓励孩子的创新？

3．实训项目

（1）为中班学前儿童设计《我有一头小毛驴》的唱歌游戏活动方案。

（2）全班中选出一份优秀方案，分组模拟上课。

第四章

幼儿园五大领域游戏活动设计

领域游戏主要是针对幼儿园教学的五大领域开展的游戏。有的幼儿园教师认为好的领域游戏应该是由教师设计的，有目的、有规则的教学游戏；也有的幼儿园教师认为好的领域游戏应该是学前儿童的自主游戏，因为游戏本身就是学前儿童的行为，何必限制强加那么多，让一个快乐、单纯的游戏承载那么多的功能；还有的幼儿园教师认为，无论是学前儿童的自主游戏，还是教师设计并组织的游戏，只要这种游戏是安全的、健康的，是对学前儿童在健康、语言、社会、科学和艺术等方面发展有益的游戏，那就是好的领域游戏。同学们，你们怎么看待这个问题呢？学了这一章，你们会有什么新的认识呢？

学习目标

知识目标：

1. 了解各领域游戏的分类及划分依据；
2. 理解各领域游戏的目的与玩法。

技能目标：

1. 掌握各领域游戏的设计与组织方法；
2. 能够根据所学知识设计并组织出具有科学性、目的性、趣味性的领域游戏。

第一节　健康领域游戏活动设计

按照游戏的内容将健康领域游戏分为身体健康游戏、心理健康游戏和体育游戏三种。以《幼儿园教育指导纲要（试行）》为依据，结合学前儿童的生活常规、卫生习惯、情绪状态、动作发展等方面生成游戏，通过游戏达到健康的要求。

案例导入

磊磊是中班的男孩，可每天上幼儿园还是哭哭啼啼的：“爸爸，你早一点来接我！”“爸爸，你今天要比××早一点来！”“爸爸，你今天要第一个来接我！”。磊磊爸爸都点头答应：“好儿子，你先上学，爸爸来接你！”，不仅如此，磊磊爸爸还要每天抱着磊磊上下楼，一直送到教室门口才放下孩子，而且不忘嘱咐老师：“老师，多关注一下我们家磊磊，别让他接触习惯不好的孩子，上体育课的时候别磕着、碰着他。”结果，弄得磊磊文静娇弱，跑跳能力特差，也不敢尝试其他男孩玩的冒险游戏，在班级里显得那么孤独、不合群，盼着爸爸早点来接他是他每天最关注的事情。

思考与讨论：

1. 磊磊爸爸的育儿方式有什么问题？对磊磊的身体、心理健康发展会产生什么影响？

2. 如果你作为磊磊的主班老师，你会如何与磊磊爸爸沟通交流，以促进磊磊健康地成长？

一、健康领域要求

《3～6岁儿童学习与发展指南》中指出学前儿童的健康领域包含了三大方面，见图4-1。

- 身心状况
  - 具有健康的体态
  - 情绪安定、愉快
  - 具有一定的适应能力
- 动作发展
  - 具有一定的平衡能力，动作协调、灵敏
  - 具有一定的力量和耐力
  - 手的动作灵活、协调
- 生活习惯与生活能力
  - 具有良好的生活与卫生习惯
  - 具有基本的生活处理能力
  - 具备基本的安全知识和自我保护能力

图4-1　健康领域的三大方面

二、健康领域游戏的作用

1．通过游戏帮助学前儿童纠正不良的饮食习惯

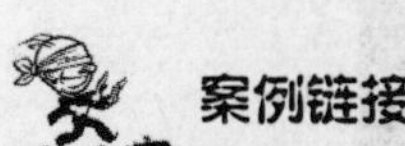

案例链接

教师将场地分成两块区域，一块用图样卡片布置成分别种着胡萝卜、大白菜、西红柿、紫甘蓝的4块“菜地”，另一块画一条线。让全班小朋友站在线后面齐声朗诵儿歌：“蔬菜是个宝，吃它身体好，出发！”然后小朋友就从线后起步向前走到胡萝卜那块“地”面前停下，边说儿歌边做吃的动作：“胡萝卜，有营养，啊呜啊呜全吃光。”当拿到胡萝卜后，对着它说：“胡萝卜，谢谢你，让我变得更强壮、更强壮。”然后把它放进篮子里，送到“厨房”进行“烹制”，再去取其他的蔬菜。初次游戏时，人数与蔬菜数量相等，玩熟后，可以人多蔬菜少，小朋友需要快走或快跑才能拿到蔬菜，以增强游戏的竞争性和趣味性。

2．通过游戏使学前儿童学会自我保护

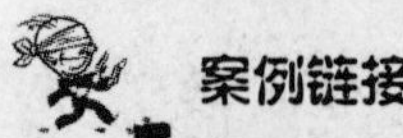

案例链接

教师在班级中布置好马路上十字路口的环境，让全体小朋友站在斑马线后，教师站在马路对面的斑马线后，引导幼儿齐诵儿歌：“红灯停，绿灯行，黄灯请你等一等，

绿灯亮了小心行”。教师出示硬纸板做的“红灯”，小朋友原地跺脚不动。出示“绿灯”，小朋友向前迈步走过斑马线到马路对面停下，再向后转。教师走至马路对面出示“黄灯”，小朋友双手放于体侧立正等待。待玩熟后，可变换角色让幼儿手持“红绿灯”来考验其他小朋友对交通信号灯记忆的准确度和反应的灵敏度。

游戏规则：信号灯出现时，小朋友需要和信号灯要求的行为一致，如不一致，则停玩一轮。

3．通过游戏促进学前儿童身体的灵活协调和基本动作的发展

如图 4-2 所示的踩高跷游戏有助于锻炼学前儿童的手脚灵活性和协调性。

图 4-2 踩高跷

案例链接

大班正在进行“玩具总动员”的主题活动。老师组织了一个活动：拆装玩具。老师提供了小型的工具：小镊子、小螺丝刀、小榔头等。一个孩子拿着螺丝刀，说“我看见爸爸用过这个东西，但是好像比这个大。”老师告诉他们这是螺丝刀，并问他们怎么使用它。轩轩忙说：“我知道这是拧螺丝的。”毛毛拿起榔头，说：“这个榔头是用来敲钉子的，比我们家的小、轻，这个我拿得动，老师要我们用它来敲什么呢？”当老师让孩子们动手拆玩具时，有的孩子马上就拿起工具这边拧拧那边敲敲，有的孩子却没有动手，而是看着已经开始尝试的小伙伴。爱爱走到老师身边，轻声地说：“老师，这玩具要是被我弄坏了，怎么办？”老师说：“你用工具小心地拆，如果到时装不起来，我们再一起想办法。”听了老师的话，爱爱拿起工具小心地行动起来。乐乐

拿着螺丝刀拧了好一会儿，螺帽还是没有拧下来，就想换一件玩具来拆，老师引导他观察螺丝帽和螺丝刀口的区别："乐乐，你看这个螺丝钉戴着一顶鸭舌帽，看看你用的螺丝刀戴着什么形状的帽子呀？"乐乐马上发现了它们的不同，换了一把一字口的螺丝刀，终于成功地把螺丝钉拆了下来。他拿着拆下的玩具兴奋地说："我把玩具拆开了。"老师向他竖起大拇指，说："乐乐真棒，你一定也能把玩具再装好！"乐乐自信满满地说："当然行。"于是埋头装起了玩具。

资料来源：苏州新区实验幼儿园何山分园严羚老师组织的主题活动.

4．通过游戏培养学前儿童积极健康的心理

如图 4-3 所示的翻滚游戏让学前儿童把自己包裹在袋子里，在看不见周围环境的情况下做翻滚运动，培养学前儿童敢于尝试的积极心理。

图 4-3　翻滚游戏

案例链接

在"我是一个笑娃娃"的游戏中，全体小朋友围坐成一个圆圈，边做动作边朗诵儿歌"我是一个笑娃娃，弯弯的眉毛像月牙，明亮的眼睛眨呀眨，小小的鼻子中间摆，可爱的耳朵两边挂，快乐的嘴巴笑哈哈，都夸我是好娃娃。"当玩熟后，游戏升级，两两相对坐着，中间保持一米左右的距离，其中一个先对着另一个说并做动作，把儿歌中所有的"我"改成"你"。还可以用手心手背的方式选出一位小朋友，请他站在中间，再把儿歌中所有的"我"改成"他"，全体小朋友对着他朗诵儿歌并做相应的动作。这个游戏有助于让学前儿童悦纳自我，形成积极健康的心理。

资料来源：姜晓燕.学前语言教育能力训练教程[M].哈尔滨：黑龙江科学技术出版社.2009.

三、健康领域游戏活动设计

通过解析游戏活动设计方案，掌握组织健康领域游戏设计的步骤，一般从游戏目的确定、游戏结构安排、游戏情境创设、游戏兴趣保持这几个方面来进行。能独立设计游戏方案，使教学活动更符合“最近发展区原则”，更具针对性和实用性。

游戏设计范例

小班健康游戏：宝贝在哪里

【游戏活动目标】

（1）认识面部器官，能准确指出五官的位置。

（2）初步了解五官的用处。

（3）教育学前儿童学会保护好自己的五官。

【游戏活动准备】

（1）小镜子每人一面。

（2）五官可以活动的脸谱一幅。

（3）《小手拍拍》歌曲磁带。

【游戏活动重点】

（1）准确指出五官。

（2）学会保护自己的五官。

【游戏活动过程】

1. 照一照，讲一讲“宝贝”的名称

（1）教师启发提问：“这是什么？（镜子）请小朋友每人拿一面小镜子，仔仔细细地照一照自己的脸，看一看你的脸上有哪些‘宝贝’，然后告诉老师，好吗？”（好）

（2）请学前儿童告诉老师：“我的脸上有眼睛、鼻子、嘴巴、耳朵。”

2. 请学前儿童指一指“宝贝”的位置

（1）师：“哪个小朋友本领大，边用手指边说一说你的鼻子、眼睛、嘴巴、耳朵都长在什么地方？”（鼻子在脸的中央，眼睛在鼻子上边，嘴巴在鼻子下面，耳朵在脸的两旁。）

（2）教师念儿歌，请学前儿童指出五官。

小小鼻子本领大，长在脸的最中央。

两只眼睛明明亮，长在鼻子的上方。

鼻子下面是嘴巴，笑一笑呀像月亮。

耳朵耳朵最听话，长在我的嘴两旁。

（3）做一做。出示贴错的五官脸谱，请学前儿童找错并贴正确。

师："小朋友，我带来了一张五官脸谱，你看贴得对吗?（不对）请小朋友把它贴正确吧!"

3. 说一说"宝贝"的用处，以及应怎样保护它们

（1）"小朋友，你知道我们的'宝贝'各有什么用处吗?"（知道）

（2）启发学前儿童说出后，教师小结："鼻子能闻气味，眼睛能看东西，耳朵能听声音，嘴巴能吃饭和说话，它们一样都不能少。"

（3）"既然我们的'宝贝'对我们来说这么重要，一样都不能少，那么我们应该怎样保护它们呢?"教师先引导学前儿童回答，然后教师小结："不能用手抠鼻子，不能用脏手揉眼睛，不能对着耳朵大声喊叫，不能把手放进嘴巴里，它们都是我们的好朋友，我们要好好地保护它们。"

4. 师幼用问答对唱的形式，边回答边指出五官

师："好宝宝，我问你，你的鼻子在哪里?"幼："吴老师，告诉你，我的鼻子在这里。"依次回答并指出其他五官。

5. 随音乐《小手拍拍》边表演边指出五官，结束活动

活动反思：由于小班的孩子正处于自我认知、自我意识初步形成的时期，他们对自己的身体、自己的事和物越来越感兴趣。但是，孩子在玩耍活动中，因缺乏生活经验，经常使自己的五官受到伤害，因此，安排这一活动，旨在通过活动的开展，进一步加深孩子对自我的认识，掌握一些基本的自我保护方法，培养孩子从小形成自我保护的意识。

资料来源：寿光市营里镇朝阳幼儿园吴洪华老师组织的健康游戏.

中班健康游戏：放飞心情

【游戏活动简介】

本次活动老师一共安排了三大活动环节，简单朴素，源于生活。活动开始，以老师自身的不开心导入，引起学前儿童的共鸣。确实老师最近牙齿疼了好久，牙龈也肿了一个多星期，平时孩子们觉察到老师的"难言之隐"，都会主动来关心，于是老师就自然而

然地把这件事带入活动中。接着由老师转到学前儿童这一主体，抓住孩子们在日常生活中的个别活动侧影，让他们看看自己遇到不开心的事的情景，使学前儿童有一种切身感受。在此基础上，让孩子与同伴共同商量解决他们遇到的不开心或伤心的事情，学习调节情绪，寻找快乐。最后，分组自由游戏，让孩子们通过多种渠道发泄不愉快的情绪，把活动推向高潮。活动在孩子与孩子、孩子与教师传递快乐、享受快乐、放飞快乐中自然结束。

【游戏活动过程】

1. 情境导入，引起学前儿童的情绪共鸣

（1）教师捂着脸，表情痛苦，引起学前儿童的好奇。

（2）师："老师最近牙齿好痛，今天脸都肿起来了，怎么办呀？"

学前儿童都知道牙痛应该去看医生，因此孩子们都建议老师去看医生。

（3）师："现在老师牙齿好痛，很不开心，你们快来帮老师想想办法吧！"

（大部分学前儿童选择让老师看医生，个别学前儿童还亲手帮老师揉揉。）

2. 排解不开心情绪，寻找快乐

（1）由老师的不开心引出学前儿童遇到过的不开心的事情。

师："老师遇到了不开心的事，小朋友会遇到哪些不开心的事情呢？"

（2）（播放班级活动的幻灯片）让学前儿童看看谁遇到了不开心的事？为什么？

学前儿童的注意力都转移到屏幕上，他们看到自己和同伴在活动中的情景时，都显得很激动，情绪一下子就被调动起来了。

（3）老师让幻灯片里遇到不开心事情的孩子讲讲当时的情况和心情，请小朋友想办法让他变得开心起来。

（4）学前儿童自由讨论，请个别学前儿童说一说自己的好办法。

（5）师："我们还会遇到哪些不开心的事？你是怎样使自己变得开心起来的？"

（6）教师引导学前儿童把生活中的不开心变成开心。（此时正好有一个小朋友不开心，这一环节事先没有预设，想到这次活动的重点是引导学前儿童将不开心转化为开心，于是马上接住了这个孩子抛来的"球"。这个孩子的脾气很倔，动不动就板脸发脾气，于是借此机会，让孩子们来解决这个难题。孩子们有的要送她玩具，她摇头；有的要和她一起玩，她摇头；有的要给她一个拥抱，她还是摇头……大家想了好多办法，效果都不明显。这时有个孩子想到了要给她贴纸，平时她很喜欢贴纸。这下投其所好，总算让她点头了。）

（7）老师小结："当我们遇到不开心的事情时，可以告诉老师、小朋友，让大家一起帮助你，把你的不开心变成开心。其实，帮助别人也是一件很开心的事情！"

3. 多渠道发泄情绪，放飞心情

（1）师“我们小朋友很能干，自己就能把不开心赶跑，你有哪些赶走不开心的好方法呢？”

（2）向孩子们介绍并尝试几种赶走不开心的好方法：深呼吸、大喊一声、传染快乐等。

（3）一起来试试。

教师介绍的方法令学前儿童很感兴趣，他们积极投入活动中。

（4）分组发泄情绪。

① 民间游戏区：和好朋友一起做游戏。

② 小舞台：跟着音乐唱歌、跳舞。

③ 心情话吧：打电话聊天。

④ 美工区：让孩子们把不开心的事画在纸上，折成飞机，让不开心飞出去。

⑤ 深呼吸等（可根据学前儿童的回答适当增加项目）。学前儿童自由选择喜欢的方式发泄不开心的情绪，在操作活动中体验快乐的情绪。

（5）学前儿童自由选择区域，放飞快乐，让开心永远伴随你、我、他。

资料来源：一起来学网 http://www.170xue.com/

大班健康游戏：保护牙齿

【游戏活动设计意图】

在日常活动中，教师发现学前儿童对牙齿的了解并不深入，坚持早晚刷牙的学前儿童不多，蛀牙问题在学前儿童中严重存在。根据本班学前儿童的认知特点和兴趣，教师设想通过具体的牙齿模型，学前儿童日常的生活经验，使学前儿童在活动中提升对牙齿的认识，并寻找保护牙齿的方法。

【游戏活动目标】

（1）了解牙齿的重要性。

（2）通过活动使学前儿童了解蛀牙形成的原因。

（3）了解换牙的常识，学会保护恒牙，养成坚持每天刷牙的习惯。

【游戏活动准备】

（1）牙模、牙刷。

（2）蛀牙形成的图片两张。

（3）事先浸泡在醋里的蛋壳和浸泡在水里的蛋壳。

【游戏活动重点】

了解牙齿的重要性，学会正确的刷牙方法。

【游戏活动难点】

蛀牙形成的原因。

【游戏活动过程】

1．以猜谜语的形式引出主题

（1）师："今天老师请小朋友猜一个谜语，请猜到的小朋友上来轻轻地告诉老师答案。健康卫士穿白衣，上下两排真整齐，口中饭菜它磨碎，早晚用刷把澡洗。"（牙齿）

（2）出示牙模，请学前儿童讨论牙齿的作用。

师："小朋友们真棒呀，一下子就猜到答案了。看，这个就是我们牙齿的模型。哪位小朋友能告诉我牙齿有什么作用呢？"（引导学前儿童发散思维，对积极回答问题的学前儿童给予肯定和表扬）

2．寻找蛀牙的原因及蛀牙的危害

（1）师："我们牙齿的本领还真是大，可以磨碎食物。今天老师还带来一张图片，我请小朋友们当小医生，看看牙宝宝怎么了？"（出示图片 1，学前儿童回答）

（2）师："原来可恶的细菌正在伤害牙宝宝呢！我们再来看看受伤的牙宝宝变成什么样子了？"（出示图片 2 及图片 3，学前儿童回答）

（3）师："原来我们健康的牙宝宝受到了细菌的伤害后，变得黑黑的，而且黄黄的，很快受到伤害的牙宝宝就变成蛀牙了。"

（4）观看实验，做出比较。

师："老师桌上有两杯液体。请你们辨别一下，桌子上哪一杯是水，哪一杯是醋呢？"（学前儿童上台辨认）

师："小朋友们真棒，一下子就找出来了。你是怎么来辨认的呢？"（醋的味道是酸酸的）

师："说得真好，老师前几天不小心把一个蛋壳掉到了酸酸的醋里面。小朋友们看看，这个蛋壳变成什么颜色了？"（黑色）

师："我这里呀，还有一个蛋壳放在水里。我请一个小朋友上来用手指轻轻地敲敲，感觉怎么样？"（醋里的蛋壳软软的，水里的蛋壳硬硬的）

师："你们想想看为什么蛋壳会变得又黑又软呢？"（醋是酸的，细菌让蛋壳变黑变软了）

师："原来酸酸的醋会让硬硬的蛋壳变软变黑。我们嘴巴里的牙齿就像蛋壳一样，本来是硬硬的。但是吃完东西后会有食物的残渣留在我们的口腔中，这些残渣时间久了就会变成一种酸的细菌。这些细菌就会像醋把蛋壳变黑一样，把我们牙齿上的保护膜钙质也变黑。这样我们原来的小白牙就会变黑了，慢慢地变黑的牙齿就会成为蛀牙，还会有蛀牙洞呢。"

师："你们想想，要是我们的小白牙变成了蛀牙，会有什么样的危害呢？"（牙齿掉了、不能吃东西、咬不动东西了、牙齿疼）

3．师生共同寻找保护牙齿的方法

（1）学前儿童相互观察牙齿。

师："我们现在请小朋友相互帮忙检查一下，看看你有没有小黑牙和小蛀牙？"

师："原来很多小朋友都有小黑牙和小蛀牙了，怎么样才能不让我们的牙宝宝变成大蛀牙呢？"（睡觉前不吃东西，早晚都要刷牙，少吃甜食，少吃酸的）

（2）了解乳牙和恒牙。

师："小朋友们说得都很好。老师发现很多小朋友开始换牙了。你们知道吗，掉了的牙齿我们叫它乳牙，新长出来的牙齿我们叫它恒牙。现在小朋友的乳牙如果已经是蛀牙就要千万小心，不能再让新长出来的恒牙受到细菌的伤害。因为恒牙要是变成了蛀牙，就不会再有牙齿长出来了。"

4．听歌曲录音，知道正确的刷牙方法

（1）师："刚才我们有小朋友说了早晚都刷牙可以不让我们的牙宝宝变成大蛀牙，你们能坚持做到早晚都刷牙吗？"

（2）请学前儿童演示刷牙动作。

师："我请小朋友做做看，刷牙的动作是怎么样的？"（学前儿童上前在牙模上演示）

师："小朋友们的刷牙动作都不大一样，现在跟着老师一边听音乐，一边做刷牙操吧！"

【游戏活动反思】

本活动抓住了学前儿童日常生活中的健康问题，用课件小故事讲解的方法充分调动了学前儿童的积极性。通过课前的知识准备让学前儿童学会儿歌，运用儿歌内容创编成歌曲，让学前儿童能较快的学唱歌曲。通过课件介绍了牙齿的基本结构，让学前儿童能初步了解乳牙和恒牙的不同，并运用教具增强了学前儿童的自主性和操作性，使学前儿童很快学会了儿歌，在卫生习惯上有一个健康的认识。教育的延续性是本节教育活动真正价值所在。让孩子健康生活是每位家长的良好愿望。通过本次活动让学前儿童了解蛀牙的危害，以及几种预防蛀牙的方法，知道要养成早晚刷牙的好习惯。由于许多学前儿童都有保护牙齿的常识，所以本次活动进行得比较顺利，纪律也很好，较好地完成了活动目标。

资料来源：山东省寿光市文家街道西城幼儿园庞兴荣老师组织的健康游戏.

四、健康领域游戏活动组织

1. 身体健康游戏的组织

教师在组织游戏时，可以结合学前儿童现实生活中的表现，在游戏情境中以游戏的角色巧妙地提醒学前儿童关注自己身体保健方面的做法恰当与否。例如，不喜欢吃蔬菜的小朋友可让其参加“蔬菜是个宝”的游戏，不爱讲卫生的小朋友多让其参加“卫生监督员”的游戏。

2. 心理健康游戏的组织

在组织心理健康游戏时，要注意以下三个方面。

（1）鼓励全体学前儿童参与游戏，使其更自信、更乐观。

（2）游戏应注意与音乐、舞蹈、绘画、手工等艺术形式相结合，多种艺术形式交融使学前儿童得到愉悦和满足，心理更舒畅。

（3）在组织游戏时，提醒学前儿童树立遵守规则意识的同时，还可以引导学前儿童用合理的方式、友好的态度对规则进行修正，使学前儿童既遵守了规则，又巩固了与他人友好沟通、积极合作。

3. 体育游戏的组织

按照学前儿童体育的组织形式，一般可以分为自主体育游戏（徒手游戏、轻器械游戏、户外大型玩具游戏）和体育教学游戏两种。

（1）自主体育游戏的组织原则。

① 安全第一原则。教师应提前检查场地，保证场地平整，防止学前儿童跌倒。对于大型玩具设备，应及时检查，有问题的及时维修、报损和增添，排除安全隐患。教师要密切观察学前儿童游戏活动，对于可能出现的安全问题要及时发现并加以制止。

② 卫生清洁原则。要定期做好游戏材料的探试、清洗、翻晒等除湿、除霉、除尘、除菌等工作。

③ 尊重学前儿童原则。教师在不影响安全卫生和健康的前提下，对于学前儿童玩什

么、和谁玩、在哪玩、怎么玩都不应横加干涉，妄加指责，特别要注意学前儿童自主体育游戏的介入与指导的时机和方式。

④ 遵守规则原则。教师要引导学前儿童建立游戏日常规则，遵守游戏规则。如先到先玩、遵守秩序等。

⑤ 材料充足与密度适应的原则。教师投放的游戏材料要充足，学前儿童密度与游戏区域的场地大小比例要适当，防止踩踏事故的发生。

（2）体育教学游戏的组织

体育教学游戏的组织主要包括集合、创设游戏情境、交代游戏名称、讲解与示范游戏玩法和规则、游戏活动展开与游戏结束六个环节。其中第二个、第三个环节常常可以整合为一个环节。

① 合理的组织安排（集合）。

根据游戏的内容和活动量，以及学前儿童的实际情况，组织安排参加游戏的人数和先后次序。可以组织全体学前儿童同时进行，也可以分成小组同时或轮流进行。

② 讲解游戏动作和规则。

在教新游戏时，要先向幼儿介绍游戏名称和玩法，使幼儿对游戏有一个全面的印象，然后重点讲解游戏动作和规则。

③ 游戏活动展开。

按照游戏内容，有时要将全班学前儿童进行分队（组）。分队（组）时，要注意学前儿童能力和男女的搭配，使各队（组）力量基本相近。

④ 教师对游戏的指导。

教师应密切观察学前儿童游戏，及时地给予指导。游戏进行时，学前儿童往往沉浸于情景之中，而忽略动作的姿势和游戏的规则，教师要及时强调；还要仔细观察学前儿童身体情况的变化，如出汗、脸红（白）、喘气、动作不正常等，应及时地调整活动量。

⑤ 游戏的结束。

教师要善于发现有利时机，使学前儿童在愉快的气氛中结束游戏。一般在全班情绪良好，还未感到累的时候结束游戏最为合适。教师要做简单的小结，小结形式可公布游戏结果，也可表扬某队（组）或哪个孩子某些动作做得好或遵守规则，乐于助人等，同时也应指出个别学前儿童违反规则或不友好的行为。

游戏活动演练

游戏 1：小熊小熊没椅子

游戏目的：学会遵守游戏规则。

游戏准备：小椅子 5 张。

游戏规则：游戏前，先学会念儿歌。5 人一组进行游戏，五张椅子背靠背一圈摆好。游戏者站在椅子旁。游戏开始，游戏者边念儿歌边绕椅子走，当说到“他”时，赶紧找椅子坐下，没有抢到椅子的就是小熊。

附儿歌：“一个娃娃一个家，小熊小熊没有家，小熊小熊是谁呀？小熊小熊就是他。”

游戏 2：《小鸡出壳》

游戏目的：锻炼孩子的身体协调能力。

游戏材料：大张的废报纸若干，每张画一个大鸡蛋，分散放在地上。

游戏规则：分成两队进行比赛，老师发令说：“预备——起！”孩子们赶快拿起报纸，小心机灵地从蛋中间撕破一个洞，然后将头、肩、躯干和脚从报纸中钻过，再跨出报纸。发出“叽、叽”声，一只小鸡孵成了。接着下一个孩子再撕再钻，要是将报纸撕破了，就算失误。最后孵出小鸡最多的一队为优胜。

知识与技能检测

1．简答题

（1）健康领域游戏包括哪几个方面的游戏？

（2）在设计和组织幼儿心理健康游戏时应注意哪些事项？

2．案例讨论题

睿睿上大班了，体重达到了 60 斤，平日正常的跑跳等体育活动已让他感到吃力。睿睿的饮食习惯是不喜欢吃蔬菜，喜欢吃肉，而且食量很大。有一次奶奶把睿睿送到幼儿园门口，临走嘱咐了一句：“一定要吃饱啊，饭不够的话跟老师再要。”可能这样的嘱咐已成常规。

阅读以上案例，你认为睿睿的发展状态正常吗？如果你是睿睿的主班老师，运用本节所学理论与睿睿家长沟通交流，提出合理化建议。

3. 实训项目

请从健康领域中任选一种游戏形式进行设计并准备游戏材料，在本班进行模拟教学后，根据师评、互评和自评写出教学反思。

第二节 语言领域游戏活动设计

按照游戏目的，可以把语言领域游戏分为练习听的游戏、练习说的游戏和早期阅读游戏三种，其中练习说的游戏是幼儿园最常用的游戏，可以分为发音游戏、语汇游戏、句型游戏、描述游戏四种。

案例导入

“妈妈，今天我们在幼儿园学了一个新故事，我讲给你听听吧？”“宝贝，妈妈明天要交营销计划书，去讲给爸爸听吧，好吗？”“爸爸，我今天学了一个新故事，讲给你听听吧？”“宝贝，爸爸明天要开会，今晚得准备材料，你自己玩，好吧？”孩子无奈地拿起了玩具，玩了一会，又无聊地问：“妈妈，和我玩一会儿吧？”无人回答，孩子只好打开电视，不一会就沉浸在动画片中……

思考与讨论：

1. 案例中父母的教育方式有没有问题？对处于语言发展关键期，想说想表达的幼儿来说父母应该怎么办？

2. 家庭对孩子的教育应注重什么？

一、语言领域要求

《3～6岁儿童学习与发展指南》中指出语言领域包含了两大方面，如图4-4所示。

- 倾听与表达
  - 认真听并能听懂常用语言
  - 愿意讲话并能清楚地表达
  - 具有文明的语言习惯
- 阅读与书写准备
  - 喜欢听故事，看图书
  - 具有初步的阅读理解能力
  - 具有书面表达的愿望和初步技能

图4-4 语言领域的组成

二、语言领域游戏的作用

1．通过游戏培养学前儿童的倾听能力

案例链接

小朋友头戴小猫头饰围坐成一个圆圈，拍手唱《生日快乐》歌。“叮咚”门铃声响后，圈外背对小朋友站着的戴小狗头饰的小朋友开始说：“动物园里欢乐多，又跳舞又唱歌，小猫今天过生日，我也要去送礼物。”围圈的小朋友齐声问：“你是谁呀？”戴小狗头饰的小朋友说：“我的鼻子特别灵，会看家，对主人忠实，很多人都喜欢把我当宠物。”如果幼儿猜出是“小狗”，核对头饰后，可以入座共同唱歌；如果猜不出，可以降低难度学小动物的叫声。猜出后，可以和大家一起唱歌。如果仍猜不出，可回转头请任意一个小朋友表演节目。

游戏规则：小朋友只有一次提出降低难度的机会，如果降低难度还猜不出，则可以要求任意一位小朋友表演节目。

2．通过游戏培养学前儿童语言表达的能力

案例链接

全班小朋友坐在桌前，齐声朗诵儿歌：“小动物，本领大，我们大家都爱它。”老师用击鼓传花的方式点出一名小朋友，请他到桌前拿一个喜欢的动物头饰戴上，并面对全体小朋友说：“我是……。”如拿到小猫头饰戴上就说：“我是小猫。”当学前儿童玩熟后，游戏升级，让小朋友说完“我是××”，再说出它的叫声，如拿到小猫头饰戴上说：“我是小猫，我会喵喵叫。”当学前儿童熟悉这种玩法后，游戏继续升级，还要说出这种动物有什么本领，如拿到小猫头饰戴上说：“我是小猫，我会喵喵叫，我会捉老鼠。”当小朋友都会玩这个游戏后，可以再升级为由幼儿自身说出自己的本领，不必戴头饰，齐诵儿歌变成：“小朋友，本领大，我们大家都爱他。”随后说：“我是毕田田，我会画画。”

游戏规则：当小朋友不能按要求的句型说出时句子时，就表演一个节目。

3．通过游戏巩固学前儿童阅读和书写技能。（见图 4-5）

图 4-5　学前儿童在阅读

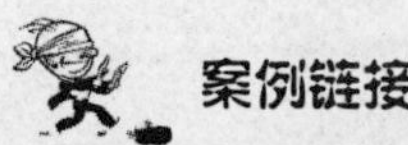

案例链接

全班小朋友在起跑线后站好，距起跑线 3 米处放置一个图板，上面蒙着布，布下面是常用的图标和字标。当老师说："生病了。"小朋友要迅速跑至图板前拿下"120"的字标或红十字的图标。当老师说："上厕所。"小朋友要迅速跑至图板前拿下"厕所"的字标或相应性别的图标。当老师说："有坏蛋。"小朋友要迅速跑向写着"110"或"派出所"、"公安局"的字标。取得又对又多的小朋友可以获得生活王国国王的奖励——一把打开生活王国城门的金钥匙；取得少的，可获得客人邀请函一封。

游戏规则：凡是取得不对或是抓破了图标或字标的，将被安排休息一轮，下一轮方可参加。

资料来源：姜晓燕.学前儿童游戏教程[M].北京：教育科学出版社，2012.

三、语言领域游戏活动设计

讲故事是学前儿童最喜欢的游戏方式之一，讲故事也是幼儿园语言教育的一种方式。如何组织好一节语言课可是一门大学问，从活动目标、活动准备、活动过程、活动评价等几方面设计幼儿园语言领域的游戏，达到语言教育目标。

游戏设计范例

小班语言游戏：打电话

【游戏活动设计意图】

小班学前儿童年龄小，语言发展参差不齐，有的胆小，不敢讲；有的喜欢讲方言，不习惯讲普通话；有的发音不准确。通过这个活动，让孩子正确发音，并养成良好的礼貌语言习惯。

【游戏活动目标】

（1）善于倾听同伴和成人讲话，愿意和别人交往，愿意口语表达自己的请求和愿望。

（2）学习正确、规范、清晰地发音。

（3）养成尊敬长辈、对人有礼貌的良好行为习惯，会使用“您、你、请、谢谢、再见”等礼貌用语。

【游戏活动准备】

两部玩具电话或两个玩具手机，生日蛋糕，蜡烛等。

【游戏活动过程】

1. 出示实物，设置情境

教师出示生日蛋糕，对小朋友说：“今天是红红的生日，她很想邀请几个小朋友到她家去玩，和她一起分享生日快乐。她会用什么方式邀请小朋友呢？今天老师要和大家一起玩‘打电话’的游戏。”

2. 介绍游戏规则和玩法

打电话要有甲、乙两方对话。打电话时，先拿起电话听筒，听到一长声“嘟——”后，才能拨号，拨号接通后才能讲话，讲话完毕要将电话挂好。讲话时要分清不同的角色和关系，表达要清晰、简洁、完整，说话要自然，正确使用礼貌用语。

3. 教师参与游戏，帮助学前儿童理解和掌握游戏规则

（1）教师示范。教师先给方方小朋友打电话。拿起听筒：“喂，你好！方方吗？我是红红，今天是我的生日，请你到我家来参加生日晚会吧。晚上七点开始，一定要来啊，再见！”提醒学前儿童注意分清对象，认真倾听对方说话，学会比较清楚、有条理地表达自己的愿望和要求。

（2）教师引导学前儿童游戏，特别是与个别学前儿童游戏。

向学前儿童询问一些在园里和家里的情况，互相对话，也可以让小朋友给自己的父母打电话，把一件事情简明、扼要地说清楚："喂，您好！是妈妈吗？我告诉您一个好消息。'六·一'儿童节要到了，我们班要表演一个舞蹈节目，我被选上当跳舞的小演员了，还要上台表演节目呢，我真高兴。"教师鼓励学前儿童用丰富的语言表达自己与人交谈的愿望，及时纠正学前儿童错误的表达方式。

4. 学前儿童自主游戏

（1）请两名能力较强的学前儿童扮演不同角色打电话，内容可以是教师规定的，也可以由学前儿童自定或即兴发挥。

（2）学前儿童两个一组开展游戏，教师巡回观察、指导。

5. 游戏延伸

打电话的内容广泛、多样，学前儿童可以多样选择。打电话的地点可远可近，电话可以是本地区的，也可以是通往全国其他城市，甚至是国际长途。在游戏中，还可以对学前儿童进行自我保护的教育，记住自己家的电话号码，一些重要的电话号码，如"110"、"119"等。

资料来源：幼儿教育网 http://www.hlzzw.com/

中班语言游戏：美丽的家园

【游戏活动设计意图】

环保是我们一贯坚持的学前教育主题之一，在生态环境严重受到威胁的今天，教育学前儿童从小做起、从我做起、爱护环境、保护我们的家园更是迫在眉睫。本次活动的主要内容正是将环保这一综合性的主题融入其中，儿歌本身的韵律简单、易记、朗朗上口，并且浅显易懂。因此，在设计教案时，以儿歌为切入点，根据学前儿童的年龄特点，设计适合中班学前儿童学习的活动。让学前儿童在轻松、愉快的气氛中学会儿歌，同时产生愿意、乐意爱护环境、爱护家园的愿望。

【游戏活动目标】

（1）理解儿歌的内容，学念儿歌，感受儿歌的韵律美。

（2）感受大自然的美，对人类恶劣的破坏行为造成的后果感到难过。

（3）愿意加入环保的行列中来，体验与同伴合作的快乐！

【游戏活动准备】

（1）教学课件一个：①呈现一幅大自然未被破坏的场景；②通过一些不文明的行为，

如污染大自然的工厂等污染源破坏环境，再呈现另一幅被破坏的、难看的大自然景象；

（2）已打乱的拼图（大幅），关于大自然又恢复美丽的景象。

（3）纸、笔、水彩笔每人1份。

【游戏活动过程】

（一）学前儿童通过观看多媒体课件，自己去发现大自然前后的变化。

（1）引导学前儿童感受美丽的大自然，说说看到的美丽的大自然中都有什么漂亮的景色？（大地是绿的，天空是蓝的，江河很清……）

（2）引导学前儿童发现大自然的变化（又脏又丑），提问："这种变化是怎么产生的？为什么？"（引导学前儿童说出人类的某些不好的行为造成了破坏环境的后果。）

（二）学前儿童互相之间讨论，教师提出问题

（1）师："对被破坏的大自然，你们喜欢吗？你们想让大地怎么样？"（要让大地绿起来）"想让天空变得更加怎么样？"（要让天空蓝起来）……引导学前儿童依次说出儿歌的原句，请学前儿童说说自己要怎么做。

（2）教师小结："对啊，我们要让我们居住的家园变得更美丽，所以要从自己做起，"要想环境好起来，人人从我做起来。"

（3）引导学前儿童将儿歌连起来朗诵。

（三）学前儿童操作，拼出未来的人工园林

（1）教师出示大自然的拼图，讲解拼图的方法，同时告诉学前儿童拼图完成后就是一幅大自然的美景图。

（2）学前儿童操作，分4组，集体操作。

（四）集体声明，画环保宣传画报

师："小朋友们，我们刚才看到了美丽的人工园林，真是漂亮，要想有这么美丽的环境，一定要请所有的小朋友和爸爸妈妈一起保护环境，那么现在让我们一起设计环境保护的宣传画，告诉所有的人'环境保护靠大家'吧。"

资料来源：第一范文网 http://www.diyifanwen.com/

大班早期阅读游戏：爱心接力

【游戏活动目标】

刚进入大班的小朋友多数知道怎么握笔写字，但是部分小朋友握笔的姿势很不规范。这个游戏的目的是巩固大班小朋友对大拇指肚和食指肚夹笔、中指抵笔的三指握笔法的

掌握，锻炼手眼协调性。

【游戏活动准备】

（1）物质准备：小号爱心捐物箱2个，写有1个空心字“爱”的硬纸板2张，彩色铅笔2支，桌椅各2套，天使头饰1个、翅膀1对。

（2）知识准备：认识“爱”字，了解“爱”的含义，让小朋友懂得要做有爱心的人，爱会通过献爱心传递下去。

（3）技能准备：练习三指握笔写单个汉字的方法。

【游戏活动过程】

全班小朋友平均分成两队，每人手里拿着要捐出去的小件玩具或学习用品分成两竖排，面对两张课桌和椅子站好，桌上放着摆好的硬纸板和铅笔。硬纸板上分别写着一个大大的空心“爱”字，要求空心字单个笔画最窄处不少于1cm。

当听到老师宣布游戏开始时，站在排头的小朋友迅速跑到桌前，将手中所捐物品两只手放进捐物箱，然后坐在课桌前，开始在规定的空心“爱”字上写一笔，并且只能写在空心笔画内。其余小朋友齐声念儿歌：“小小铅笔手中拿，拇指食指中指抓，左手扶纸身坐正，爱心接力（也可以根据需要在练习爱心笔画时把“爱心接力”四个字换成“写横写竖”、“写撇写捺”或“写点写折”）全靠它。”只要这一笔写得不出格即可起立和下一位小朋友单手击掌后站到排尾，由下一位小朋友继续捐物献爱心并在后面的空心位置写笔画。直到全队捐完物品并将空心“爱”字笔画全部填完。最先捐完物品并填完的一组获得“爱心天使”的拥抱，后填完的一组，由前后两人进行“爱的抱抱”。

游戏规则：捐物时必须两只手放进捐物箱，不能随便一扔。写字时只能写一笔，不能多写，如果握笔姿势不是规定的三指抓握或写出格了，再参加下一轮献爱心活动。

通过这次活动，小朋友们传递了爱心，还巩固了三指握笔法。当小朋友们熟练后，要求他们写笔画时要从上往下或从左往右地填写笔画，一样会做得很好。

资料来源：青岛经济技术开发区海贝尔幼儿园的语言领域游戏.

四、语言领域游戏活动组织

1．练习听的游戏的设计与组织

（1）练习听的游戏设计。

游戏设计时应注意不同年龄应设计不同的目标，如小班是集中注意力地倾听，中班是理解性地倾听，大班则是判断推理性地倾听。

（2）练习听的游戏组织。

进行练习听的游戏活动时，应注意选择安静的时段和安静的场所。练习听的游戏，如果由于外因导致听的效果打折扣，会减少学前儿童对听的游戏的兴趣。

练习听的游戏虽然主要是锻炼听的能力，但与学前儿童的发音紧密相连，所以，应提前对小朋友进行发音情况摸底，对于重要的语音还需要专门进行强化训练后，再开展游戏，否则由于发音不准确而导致听音的不准确，会挫伤学前儿童听音的积极性，影响游戏效果。

2. 练习说的游戏的设计与组织

（1）游戏设计应注意以下三方面。

第一，目标“小步子”，即每节课一个重点，或发音，或语汇，或句子，或描述，定期进行综合训练，而不是眉毛胡子一把抓。

第二，说得要有趣。由于说的游戏常常是在重复，尤其是发音游戏，因此，教师应注意玩法设计要有趣，具有可玩性。游戏形式要丰富多样，多与艺术形式相结合，避免重复枯燥。

第三，听说要结合。因为听是说的前提，如果听不清，说肯定也会受影响。

（2）游戏组织应注意以下三方面。

第一，游戏组织时应注意着重点。3～6 岁学前儿童正处于由发音不清晰、不准确到逐步准确的飞速发展期，所以小班学前儿童不必过分强调说的准确度和清晰度，而应把重点放在说的态度上，如想说、敢说、喜欢说。对于中班的学前儿童则需要在组织和指导时给予更多的耐心，对于大班学前儿童在组织和指导时应强调说的清晰度、准确度，对于流畅度可提要求但不要过分强求，否则，就可能使学前儿童失去游戏的乐趣。

第二，游戏时音量适中。游戏中，如果不是因为学前儿童胆小、害羞就不要刻意鼓励学前儿童大声说，尤其是不能大声地喊着说，要让学前儿童懂得用中等音量说话，一方面是文明、有教养的表现，另一方面也可以保护嗓子。

第三，游戏时间不宜过长。组织练习说的游戏，一般小班不宜超过 5 分钟，大班不宜超过 10 分钟。

3. 早期阅读游戏的设计与组织

（1）早期阅读游戏的设计。

早期阅读主要是培养学前儿童阅读和书写的兴趣和习惯，早期阅读游戏也是巩固相应的技能。

不要把早期阅读当成是单纯的识字和写字的游戏，曲解游戏的目标，在游戏设计中应注意不要走入早期阅读游戏的误区。

（2）早期阅读游戏的组织。

早期阅读游戏应根据年龄不同的学前儿童的特点设计，对于托、小班的学前儿童，只要在愉快、宽松的氛围里，对阅读感兴趣，了解早期阅读的活动特点即可，不必过多强调规则。对于中、大班学前儿童则要求组织游戏时更强调规则和效果。

游戏活动演练

游戏 1：我是谁？

游戏目的：训练学生听声音辨人的能力

游戏准备：布条若干，10 人一组

游戏规则：寻找者不能发出声音，听声音辨别发声的是谁。每组出一个人当寻找者，其他人手拉手围成圆圈，寻找者用布条蒙上眼睛站在圈内，其他人手拉手边唱歌边绕着寻找者转，唱完歌曲立定，然后一人大声喊："我是你的朋友，你能猜出我是谁？"能连续把九人都猜出者胜，如有其中一人未猜出，寻找者就表演节目，然后换另一人当寻找者，游戏继续进行。

游戏 2：开火车

游戏 ：训练学生的反应能力。

游戏准备：10 人一组，每人定一个地点。

游戏玩法：在开始之前，每个人说出一个地名，代表自己。但是地点不能重复。游戏开始后，假设你来自北京，而另一个人来自上海，你就要说："开呀开呀开火车，北京的火车就要开。"大家一起问："往哪开？"你说："上海开。"那代表上海的那个人就要马上反应接着说："上海的火车就要开。"然后大家一起问："往哪开？"再由这个人选择另外的游戏对象，说："往××地方开。"如果对方稍有迟疑，没有及时反应过来就输了。

知识与技能检测

1. 简答题

（1）在设计和组织幼儿练习说的游戏时应注意的事项有哪些？

（2）简述早期阅读游戏设计与组织的方法。

2．案例讨论题

“佳佳，阿姨来了，快问阿姨好。你看这个孩子真没礼貌，快叫阿姨！”妈妈说。佳佳张了张口，听到妈妈的“快叫！”又闭上了嘴，怎么也不叫。“佳佳，阿姨好长时间没见你了，现在上中班了吧？”“可不是，上中班以后啊，越来越不听话了，你看，你来了也不叫，在幼儿园还不知道怎么样呢。”“佳佳，来，给阿姨背首古诗吧，阿姨就是教小学语文的，让阿姨听听，你背得好不好……”从客人一进门，这位妈妈就指挥佳佳干这干那，替佳佳回答客人的问题，佳佳完全插不上话，干脆闭嘴不说，更不用说给客人背古诗了。

阅读以上现象，你认为这位家长的做法可取吗？如果长期这样下去，会导致孩子出现什么问题？请你根据本节所学知识，对佳佳妈妈提出促进佳佳语言发展的合理化建议。

3．实训项目

设计小班及中班语言说的游戏，在本班进行模拟教学，并在见习幼儿园进行游戏教学实践。

第三节　社会领域游戏活动设计

按照培养目标可将社会领域游戏分为自信积极游戏、社会交往游戏、行为规则游戏、勇于进取游戏以及爱的教育游戏五种。

案例导入

陈陈今年转学来读中班，是一个内向的男孩子，他平时很少举手回答问题，也不主动参与各类活动，经常独自玩，或者看别人玩，平时听他说得最多的话就是：“我不会。”老师与家长交流时，他妈妈说这个孩子的个性就是这样，比人家的孩子少会很多东西。

老师开始关注陈陈。很多时候陈陈即使想参与其他小朋友的游戏，也只有在别人的邀请下才会参与，而且游戏过程中他表现得很紧张，怕别人讨厌他笨。某个家长开放日，在一次数学活动中陈陈的操作比别人慢了一步，他妈妈怪陈陈：“你真笨！这么简单，怎么不会排呢？”陈陈低下头，一句话也不说。

思考与讨论：

1. 陈陈自信吗？学前儿童的自信对其成长有什么影响？
2. 陈陈妈妈的教育方式有没有问题？你觉得应该给予陈陈妈妈什么样的教育建议？

一、社会领域要求

《3～6 岁儿童学习与发展指南》中指出社会领域包含了两大方面，如图 4-6 所示。

- 人际交往
  - 愿意与人交往
  - 能与同伴友好相处
  - 具有自尊、自信、自主的表现
  - 关心尊重他人
- 社会适应
  - 喜欢并适应群体生活
  - 遵守基本的行为规范
  - 具有初步的归属感

图 4-6　社会领域的两大方面

二、社会领域游戏的分类

1．自信积极的游戏

（1）正确的自我评价游戏

正确的自我评价游戏可以培养学前儿童自信、积极的生活态度和愉快的情绪体验。例如，语言领域中的句型游戏“我的本领大”在练习“我是……”和“我会……”句型的同时，能够使学前儿童更加全面地认识自我，评价自我，提高自信心。

（2）保持乐观情绪的游戏

保持乐观情绪的游戏有助于学前儿童形成乐观的生活态度，勇于尝试，不怕失败。如中班的“我是一个笑娃娃”游戏使学前儿童认识自我、悦纳自我、保持乐观；小班的表演游戏“明天的太阳红又大”，使学前儿童学会适应变化，对即将到来的生活充满期待和希望。

案例链接

全班小朋友围坐成一个圆圈，中间摆一个小圆桌，上面摆一座小“山”，“山”上放一摞硬纸板做的红太阳（纸板的正反面都画有放着金色光芒的红太阳）。老师说：“准备，呜——”同时播放刮风下雨的视频，全体小朋友一边朗诵儿歌一边做动作：“刮风啦，下雨啦，撑起小伞我不怕。”老师又说：“准备，天黑啦——”（老师可将灯光调得暗些，但光线对比不要太明显，防止再开灯时太刺眼，学前儿童适应困难）。小朋友立即闭上眼睛一边朗诵儿歌一边做动作：“关灯啦，睡觉啦，明天的太阳红又大。”当“大”

字朗诵结束，可以有10秒的安静时间，小朋友在心里默数10个数。10秒钟的时间一到，教师应及时把灯打开，小朋友就可以睁开眼睛跑向中间的小“山”上拿下一个“红太阳”，将太阳举过头顶后，大声说：“太阳红，太阳红，明天的太阳红又大!”

游戏规则：要按照儿歌的节拍来朗诵，同时按照儿歌内容做动作，在取下太阳后应举过头顶再说：“明天的太阳红又大。”

资料来源：姜晓燕.学前儿童游戏教程[M].北京：教育科学出版社，2012.

2．社会交往的游戏

人际交往是儿童社会化的重要途径，游戏能帮助学前儿童掌握正确交往的方式，如友爱、互助、礼貌、合作、沟通等。语言领域中礼貌用语游戏“找朋友”、体育游戏“大家一起玩”都会使学前儿童掌握正确的交往用语，更好地与他人合作和分享，巩固正确交往的方式。

案例链接

全班小朋友平均分成两排面对面坐好，老师坐在两排排头的中间位置，旁边放一个置物桌，在老师对面两排排尾的位置摆着两把“思考的椅子”。每个小朋友在本组的“神奇的口袋”里随机抽出一样物品卡片拿在手中，但是这种物品一般不能独自使用，例如，“笔”能写字，却没有纸；碗能装米饭，却没有盛米饭的饭铲；有扫帚却没有簸箕。与其搭配使用的另一个物品则在另一个“神奇的口袋”里被另一组小朋友抽到。这时，通过猜拳的方式决定哪组先开始借东西，另一组小朋友就要将手中的物品卡片正放在胸前。借物组的第一个小朋友走到被借组小朋友前面，找到那个与其工具相搭配的小朋友，说唱儿歌：“小朋友，打扰你，你的饭铲借我用，可以吗？”如果对方回答：“可以可以，借给你。”同时双手递过卡片，小朋友马上接过物品卡片说：“小朋友，谢谢你，用完马上还给你。”如果对方回答：“对不起，我要用，暂时不能借给你。”小朋友则须马上说：“小朋友，没关系，我到别处试一试。”然后走向该组有饭铲卡片的下一个小朋友。如果连续三个都没有借到，则需要停玩一轮，坐在“思考的椅子”上看别人怎么借东西。如果第一次就借到了，则需要把这两样物品的卡片合到一起双手放到老师旁边的置物桌上，面对小朋友做出相应的使用工具的动作，如先洗碗，再用饭铲盛饭。当这个小朋友原地立正面向小朋友站好后，表示所借物品使用完毕了，其余小朋友齐声说：“使用完，快点还，好借要好还，再借不困难。”小朋友则需要将借来的物品卡片双手还给那个小朋友说：“小朋友，还给你，及时相助多谢你。”

游戏规则：向别人借东西和还东西时，态度要有礼貌，身体前倾，面带微笑。当别人不借时，不能到别人手里去抢。还给别人时，要双手递上卡片而不是随便一扔。将物品借给别的小朋友也要用双手将东西交到别人手中。若将借出物品或所还物品卡片随便扔在地上，则要坐在“思考的椅子”上，停玩一轮。

资料来源：姜晓燕.学前儿童游戏教程[M].北京：教育科学出版社，2012.

3．行为规则游戏

学前儿童是在社会生活中通过成人的教育和行为的强化来获得对规则本身及其执行意义的认知的，如诚实、尊重、独立等。遵守行为规范的游戏“不是我的我不拿”、“自己的事情自己做”、“勇于承认错误”都能够很好地帮助学前儿童适应环境，掌握社会行为规范。

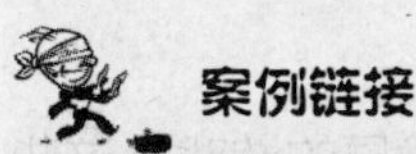

案例链接

琛琛指责小奕朝他吐口水，但是小奕坚持说没有吐。在老师问了很多遍的情况下，小奕由一开始不承认吐口水到承认吐了口水在地上，但是依旧不承认吐在琛琛脸上，回家后对奶奶和爸爸妈妈也是这样说的，甚至委屈得哭了。奶奶专门告诉老师这件事，觉得孙子从来不说谎。但是，老师发现，当询问小奕具体情况时，他始终在躲避老师的目光。

吐口水到别人脸上当然是不对的，小奕很清楚，并坚决表示自己不赞同这种行为。到底谁说谎了？不好下结论。为了更好地解决问题，又不伤害小朋友，老师摆出一切尽在掌握的自信姿态，表示想给没有说实话的孩子一个机会，只要说实话老师保证不生气，并用坚定的语气重复：“请告诉我实话！”

最后小奕承认了自己的错误行为，得到了老师和大家的原谅。

4．勇于进取游戏

由于现在多数家庭都是独生子女，过多的保护使学前儿童面对问题时容易表现出退缩和胆怯，通过勇敢游戏的练习能使学前儿童懂得要努力做好力所能及的事，不怕困难，有初步的责任感。

5．爱的教育游戏

学前儿童爱的教育主题有热爱家庭、热爱老师和小伙伴、热爱家乡、热爱祖国。其中热爱家乡和热爱祖国需要从具体的风光、物产、民俗等入手。中班学前儿童可以进行主动关心妈妈的游戏，如“我帮妈妈端洗脚水”，大班学前儿童爱家乡可以结合家乡的特产，学前儿童知道的景点等入手。

案例链接

午饭后，孩子们在走廊里休息。萍萍和几个小伙伴一起挥着手中的图片对隔壁班的几个孩子说："看，我们在'珠山秀谷'（家乡的某景点）拍的照片！"照片上是手绘的几个扎小辫女孩，她们站在山脚下，七歪八扭的。她又得意地说："你也想拍一张这样漂亮的照片吗？那就来我们'珠山秀谷'吧。"看着邻班那几个孩子被吸引的眼神，萍萍和身边的几个小伙伴又争先恐后地说道："我们'珠山秀谷'有美丽的山水，有很多漂亮的花，还有好玩的器材……"笑容挂在他们的脸上，幸福荡漾在他们的心头。几个小伙伴还得意地为同伴介绍起"珠山秀谷"上其他好玩的地方来。

三、社会领域游戏活动设计

社会领域的教育活动是引导学前儿童更好社会化，促进其社会性发展的游戏，这些内容是与学前儿童的社会生活密不可分的，所以应将社会领域游戏充分与各个领域的游戏活动相结合，相互渗透。例如，与语言领域相结合的"找朋友"游戏，与艺术领域相结合的"我爱我的家"游戏，与健康领域相结合的"我是一个笑娃娃"、"叠被子高手"游戏，与科学领域相结合的"送动物回家"游戏。

游戏设计范例

小班社会游戏：好玩的玩具宝贝

【游戏活动目标】

（1）让学前儿童知道玩玩具时不能乱扔玩具，要爱护玩具，玩完以后要将玩具放回原处。

（2）让学前儿童学会给玩具分类，并体验大家一起玩玩具的快乐。

【游戏活动准备】

玩具若干，宝贝魔术箱一个。

【游戏活动过程】

1. 谈话引导学前儿童进入主题

（1）教师出示玩具宝贝魔术箱，给学前儿童变魔术，变出几个具有代表性的玩具，并为学前儿童演示玩法（例如，玩具车、蔬菜、水果玩具、动物玩具等）。

师："这些玩具好玩吗?"

（2）教师引导学前儿童讨论玩具的各种玩法，并让学前儿童自由发言，和大家一起分享。

2. 引导学前儿童自己玩玩具，和好朋友交换着玩玩具

（1）学前儿童拿着自己的玩具自由自在的玩，教师注意关注学前儿童的玩法。

（2）教师引导学前儿童交换着玩玩具，体验大家一起玩玩具的快乐，也可以两个人一起玩。

（3）教师演示摔疼了玩具，让学前儿童体会一下玩具摔疼了也会"哭"。

教师小结：边说儿歌边玩玩具（玩具玩具真有趣，天天和我做游戏，轻轻拿、轻轻放，不扔不摔要爱惜）。

3. 请学前儿童将玩具宝贝送回家

（1）教师通过打电话的方式，玩具妈妈要请玩具宝宝回家了，请学前儿童帮忙把玩具宝宝送回家。

（2）教师分别介绍玩具妈妈家的名称，然后启发学前儿童将玩具按类别送玩具宝宝回家。

（3）教师和学前儿童一起检查确认玩具宝宝是否回到了自己的家，并分别把送错的玩具宝宝正确的送回家。

4. 活动结束

师："带着好玩的玩具给其他班级的小朋友也玩一玩，大家一起分享。"（因为玩具上有很多细菌，教师注意提醒学前儿童玩玩具时不能放进嘴里，玩完玩具要把手洗干净。）

【游戏活动反思】

这节活动课孩子们非常感兴趣，因为他们不但可以玩自己的玩具，还可以和其他学前儿童交换着玩，所以他们很开心。现在的孩子都是独生子女，家庭条件也比较好，玩具很多，因此比较霸道，缺乏与别人分享的意识。

在活动中，教师通过引导孩子们有礼貌地与人交流（例如，"我可以和你交换着玩玩具，好吗?"等），让孩子们在玩的过程中学会了与人分享，又使用了礼貌用语，而且在玩完玩具对玩具进行了分类，并放回到相应的区域中。通过这次活动，教师认识到，要放手让孩子玩，而不是怕这怕那、畏首畏尾，让老师成为活动的正确引导者，让孩子们真正成为活动的主人。

资料来源：寿光市文家街道西城幼儿园刘芳老师组织的社会游戏.

中班社会游戏：生活小能手

【游戏活动目标】

目前，幼儿园的小朋友主要是独生子女，虽然幼儿园和家庭总是教育孩子“自己的事情自己做”，但实际上真正能做到的却不多。通过这个游戏检验并巩固学前儿童“自己的事情自己做”的教育实效。

【游戏活动准备】

（1）物质准备：小被子 1 条，小玩具 5 个，外套衣服 1 件，帽子 1 顶，毛巾 1 条，牙具 1 套，画有生活自理项目的转动表盘 1 个，地垫若干，仙女魔法棒一根，金色锡箔纸质奖章若干。

（2）知识准备：学会朗诵《自己的事情自己做》儿歌。

【游戏活动过程】

（1）老师问：“小朋友们，你们谁是生活的小能手呀？”小朋友纷纷高举小手回答：“我是！我是！”

（2）老师又问：“你们会不会‘自己的事情自己做’？”小朋友又高兴地回答：“会！会！我会！”

老师说：“那我们就比一比，看谁做得好，赛一赛，看谁做得快。”然后，全班小朋友屈腿右侧卧于地垫做睡觉状（如无地垫也可坐在桌前两臂伏案低头做睡觉状），随着儿歌《自己的事情自己做》的节拍边朗诵边做动作：“自己来，自己来，自己起床坐起来，自己的衣服自己穿，自己的帽子自己戴，自己的被子自己叠，自己的玩具自己摆，自己刷得牙儿净，自己洗得脸儿白，自己的事情自己做，都夸勤快的好乖乖。”

老师手执魔法棒说：“魔法棒，点点头，谁的表现最耀眼。”点到谁就请谁到前面来，老师在分别画有洗脸、穿衣、戴帽、叠被、摆玩具等事情的指针转盘上请小朋友转动指针，停在哪里，就做哪项事情。做得好的就奖励一个“生活小能手”的奖章，做得不好的就得不到。

【游戏活动规则】

小朋友做事情时态度要认真，如叠被子要尽量叠得方正，穿衣服要穿得整齐，带子、扣子要系好，洗脸后记得擦拭干净，等等。如果做得不好，则不能获得“生活小能手”的奖章。

资料来源：黑龙江农垦职业学院 2008 级学前教育二班韩婷婷设计的社会游戏

大班社会游戏：送祝福

【游戏活动目标】

（1）让幼儿学会倾听，知道向不同的人送不同的祝福，懂得关心周围的人。

（2）让幼儿感受中国人过新年的方式，体验即将长大一岁的快乐。

【游戏活动准备】

心愿箱、大、小贺卡、锣鼓、红信封、Flash 课件。

【游戏活动过程】

一、活动导入

观看关于中国人过新年的动画视频。

师："我们马上要过自己的新年了，谁知道中国人是怎么过新年的？"

（舞狮、贴对联、贴"福"字、放鞭炮、放烟花、礼花、办年货、张灯结彩、把家里布置得喜气洋洋，穿得漂漂亮亮、说祝福的话……）

师："刚才啊，邱老师听到有的孩子说还要说祝福的话。对啊，过新年不仅要做一些喜庆的事，还要说一些喜庆的话。你们会说些什么祝福的话呢？"

二、出示大贺卡，老师送祝福

新年到了，老师也有一些祝福想要送出去。

（1）送给小朋友的贺卡。

师："这是一张送给小朋友的祝福卡。"

"谁的眼睛亮，能猜出老师的祝福？"

"你们觉得这个祝福送给谁最合适呢？"

（祝福小朋友们天天健康快乐地成长，和爸爸妈妈幸福美满地生活！）

（2）送给老年人的贺卡。

师："这张贺卡你们猜猜老师想送给谁？为什么？"

（祝福老年人身体健康，平平安安，长命百岁，精神百倍，笑口常开！）

（3）送给幼儿园的贺卡。

师："谁知道这张贺卡老师想送给谁？谁的眼睛亮能猜出这张贺卡的祝福？"

（祝福我们的幼儿园越来越美丽，永远是孩子们的乐园，人人都爱它！）

师："原来祝福除了可以送给人，还可以送给幼儿园，送给我们的城市、祖国和全世界所有的事物！"

师：“祝福有许许多多，但是不同的祝福可以送给不同的人。拜年的时候啊，遇见不同的人，我们会说不同的祝福。老师把祝福送给小朋友，送给老年人，送给幼儿园，小朋友们心里是否也有很多祝福想要送呢？”

三、摸祝福，送祝福

师：“瞧！老师把你们的祝福都装进了心愿箱，我们一起来玩摸祝福的游戏吧。”

游戏规则：当鼓声响起，开始传贺卡，鼓声停止，贺卡在谁的手中谁就可以从心愿箱里摸一张祝福卡，然后说说你的祝愿，你想把祝福送给谁？

【游戏活动延伸】

师：“心愿箱里的祝福卡送完了，你们还有许多祝福要送，是吗？我们的手工角里有许多贺卡等着小朋友们去做呢，把它装在红信封里，把我们的祝福寄出去吧。”

资料来源：宝宝龙幼教网 http://baobaolong.com/

四、社会领域游戏活动组织

教师组织与指导学前儿童社会领域游戏的方式应与学前儿童社会教育的目标协调一致，与要求学前儿童遵守的行为规范、人际交往的正确方式、勇敢进取的态度、善良友爱的态度协调一致，避免出现对学前儿童教育要求与实际行为相脱节的情况，教师更不要出现“严于律幼、宽以待己”的现象。例如，教师要求学前儿童与他人交往时要有礼貌，教师在组织和指导学前儿童时也应注意态度和礼貌用语的使用。

1. 设计活动目标

要综合考虑所教班级学前儿童的以下方面：

（1）社会认知；

（2）社会情感；

（3）社会行为技能。

2. 活动准备

活动准备包括物质材料的准备和知识经验的准备。直观、形象、生动的形式易于学前儿童理解和学习，因此，活动的准备在整个活动设计中是实现社会教育活动目标的有力保证。活动准备中的有些材料是现成的，有些则需要教师进行制作，还有的情景表演准备需要教师事先安排好，保证能为活动所用。

3. 活动过程的设计

（1）开始部分。这是引导学前儿童活动的第一个步骤，起到初步引起学前儿童参与活动的兴趣及调动学前儿童学习主动性的作用。教师组织活动的方式，一般有讲故事、引导学前儿童看图片、欣赏录像资料、情景表演等。如果是外出参观活动，则在开始部分告诉学前儿童参观何处，提出参观的要求等。

（2）基本部分。这是完成活动的主要部分，主要是由教师引导学前儿童进行感知学习和练习。活动的大部分时间应放在这里。

（3）结束部分。教师可改变原先的活动方式，引导学前儿童通过参与其他符号系统（如音乐、美术、身体动作等），在轻松、愉快的情绪中自然而然地结束游戏活动。教师如果要在结束部分对活动进行小结或评价，应做到简洁、精练，对学前儿童在活动中的表现要以宽容、积极的态度进行评价，对问题本身应留有一些思考的余地，使得活动能够有效地延伸，使学前儿童能够保留对活动的兴趣，体验到活动带来的快乐，让他们以企盼的心情和态度等待下次活动的到来。

游戏活动演练

游戏 1：拼五环

游戏目的：（1）练习迅速套圈

（2）培养合作与竞争意识

游戏材料：不同颜色的呼啦圈

游戏规则：5 人一组，每组 5 个不同颜色的呼啦圈，分别放在每个组的第一位幼儿旁边，听到口令后，第一位幼儿手拿起一个圈，从头套下，跳出后，第二个马上接上，最后一个幼儿放到指定位子，依次进行，最后拼成五环，速度快者为胜！

游戏 2：坐气球

游戏目的：培养学生的合作能力

游戏材料：主持人准备每组各 6 张签，上面写着：嘴巴（一张纸）；手（两张纸）；屁股（一张纸）；脚（两张纸）。气球若干。

游戏规则：分组，每组 6 人，主持人请每组每人抽签。首先，抽到嘴巴的必须借着抽到手的两人帮助来把气球给吹起（抽到嘴巴的人不能用手自己吹起气球）。然后两个抽到脚的人抬起抽到屁股的人去把气球给坐破。

知识与技能检测

1. 简答题

(1)简述社会游戏设计与组织的方法。

(2)社会领域游戏从培养目标上看可分为哪些方面的游戏?

2. 案例讨论题

某些家长的话:“亮亮比你懂事。”“文文会讲很多故事,你怎么一个都不会。”“我们家孩子不行,他一个人不敢去的。”

有些家长总是习惯性地拿孩子的短处与别的孩子的长处进行比较,不信任孩子,常常数落孩子的不是。这种盯着孩子“短板”的教育方式很容易让孩子没有自信。

针对以上现象,请你给你班的家长指点一下迷津并提出相应的教育建议。

3. 实训项目

小组内自定内容,设计一个社会游戏并写出详细教案,小组内相互点评,然后集体备课,各小组出一份优秀教案并相互学习。

第四节 科学领域游戏活动设计

按照科学领域游戏的内容主要可以分为科学游戏和数学游戏两大类。

案例导入

早晨锻炼时,豆豆在操场上发现了一只蜗牛。这只蜗牛的出现吸引了所有孩子的目光,一大群孩子争先恐后地围过来看。豆豆首先说:“你们不要过来,它会害怕的,它可能找不到家了。”另一位小朋友说:“不对不对,它可能是饿了,所以出来找吃的。”文文紧接着说:“不是的,不是的,它是出来散步的。”站在一旁的小宇大声说……

思考与讨论:

1. 从孩子们的对话中,你能找到探索蜗牛秘密的教育契机吗?

2. 如果你是主班老师,你会采取什么的方式鼓励孩子继续探索?

一、科学领域要求

《3～6岁儿童学习与发展指南》中指出科学领域包含了两大方面，如图4-7所示。

科学探究
- 亲近自然，喜欢探究
- 具有初步的探究能力
- 在探究中认识周围事物和现象

数学认知
- 初步感知生活中数学的有用和有趣
- 感知和理解数、量及数量关系
- 感知形状与空间的关系

图4-7　科学领域的两大方面

二、科学领域游戏的分类

1．科学游戏

（1）自主科学游戏。

按照游戏的内容可将自主科学游戏分为观察性游戏、操作性游戏、实验性游戏和运动性游戏等，各种游戏之间常常是相互渗透和整合，很难有单纯的某一种游戏，如吹泡泡、纸风车、放风筝、玩沙、玩水、打手影就是多种游戏类别相结合的游戏。

在组织与指导学前儿童自主科学游戏时，首先，要做好必要的安全教育，如不要对着别人扬沙子，不能用带沙子的手揉眼睛等；其次，要注意游戏的环境、材料和学前儿童个人卫生，如玩水要干净，游戏后要洗手，玩吹泡泡时的水不能去尝等；再其次，游戏材料要充足；最后，教育学前儿童要有规则意识，如想用别人的工具，要征得别人同意，游戏结束后游戏工具要放回原来的位置。

（2）科学教学游戏。

科学教学游戏有常识性科学教学游戏（这类游戏主要是通过儿歌、律动、抢答等方式巩固小朋友对科学常识的掌握情况，如“这是谁的尾巴”就是在儿歌的伴随下把老虎、松鼠、兔子等的尾巴安到对应的动物身上），观察性科学教学游戏（让学前儿童运用感觉器官辨别自然物体的属性和功能），操作性科学教学游戏（让学前儿童在自由的操作过程中获得有关科学经验的游戏），实验性科学教学游戏（让学前儿童通过自己动手实验去探索生活中的奥秘，了解身边的科学，如“磁铁找朋友”、“纸浆制作”等），运动性科学教学游戏（在运动中使学前儿童亲身感受事物的特性，如捉影子、纸风车、堆雪人等）这五种。

图 4-8　纸浆制作

教师在组织科学教学游戏时，首先，要把安全放在第一位；其次，需要让学前儿童触摸、品尝的物品必须清洁、无任何毒副作用。

2．数学游戏

数学游戏是根据学前儿童活泼好动的天性和具体形象思维的特点，将抽象的数学知识寓于学前儿童感兴趣的游戏中。它是学前儿童数学学习中一种十分重要的途径和方法，它具有趣味性、情景性、操作性和整合性的特点。学前儿童数学游戏属于规则游戏中的智力游戏。

按照数学教育内容可以将游戏分为感知集合游戏，掌握 10 以内数的概念游戏，学习 10 以内数的加减运算的游戏，量的比较和自然测量的游戏，认识几何形体的游戏，感知空间的游戏，感知时间的游戏等。

（1）感知集合的游戏。

案例链接

全体小朋友每人 3 张水果挂饰（黄的梨、红的苹果、绿的西瓜），面向三种不同颜色的画纸坐好，齐声朗诵："晚饭吃饱啦，该吃水果啦，爱心宝宝来帮忙，快把水果送回家。"小朋友们纷纷将手中的水果挂饰放至与水果同颜色的画纸上。

游戏规则：全部放对的小朋友可以得到一个爱心贴，放错的小朋友需要重新放置，直到放对为止。

（2）量的比较的游戏。

案例链接

教师提前找来一个长、宽、高各约为 30cm、20cm、50cm 的大纸盒，将纸盒的上盖去掉，分割成9个格，每格分别放入1元、2元、5元的自制“纸币”若干张。全班小朋友分成3组，每组分到面值为1元、2元、5元的人民币纸币代金券和一个“自动提款机”，每人一个空的八宝粥罐。每组小朋友分别借助“自动提款机”进行操作，提出 7 元钱。要求每名幼儿先想好取钱方法，然后模仿按键动作，接触需要面额的“纸币”，接着取出相应的自制“纸币”，装入空八宝粥罐内。例如，幼儿可按 2、5，也可按 2、2、2、1 的方式取“纸币”。组内幼儿互相猜测取钱的方式，然后打开罐盒交流经验，并请同伴判断自己的取钱方法是否正确。为了让幼儿想出更多的取钱方法，教师在提供“纸币”时可以少提供5元“纸币”；幼儿取钱时可加上“嘀嘀嘀”的声音，以表示在“自动取款机”上按键操作，增强游戏的趣味性。取对一次得金币一枚，得金币最多的一组为胜。

游戏规则：如果取错则需要停取一轮，下一轮重新玩。

资料来源：姜晓燕.学前儿童游戏教程[M].北京：教育科学出版社，2012.

（3）感知时间的游戏。

案例链接

结合日常生活，加深学前儿童对昨天、今天、明天含义的认识。

播放儿歌：“两个小娃娃呀，正在打电话，喂喂喂，你在哪里呀，喂喂喂，我在幼儿园。”老师继续说：“喂喂喂，今天你在做什么？”小朋友回答：“喂喂喂，今天我在玩游戏。”老师继续说：“喂喂喂，昨天你做过什么？”小朋友答：“喂喂喂，昨天我去过姥姥家。”老师继续说：“喂喂喂，明天你要做什么？”小朋友回答：“喂喂喂，明天我要学舞蹈。”

游戏规则：小朋友在回答今天做什么时，要用“在”字；在回答昨天做什么时，要用“过”字；在回答明天做什么时，要用“要”字。如果说错，则需要停打一轮电话。

三、科学领域游戏活动设计

针对各类游戏的特点，结合学前儿童的年龄阶段，设计活动方案，让孩子具有好奇心和求知欲，能够动手动脑，探究问题，体验科学的重要和有趣。

游戏设计范例

小班科学游戏：了不起的轮子

【游戏活动设计思路】

这个游戏是小班教育主题中的一个科学活动。生活中，轮子到处可见，马路上穿梭的车辆，不管是汽车、摩托车还是自行车都有轮子，轮子存在于我们生活中的每一个角落。因此让学前儿童进一步认识轮子，知道轮子给我们的生活带来了方便，体验轮子带来的乐趣，因此教师设计了这节活动。

【游戏活动目标】

（1）了解轮子是圆的，会滚动，能给人们生活带来方便。

（2）体验与同伴合作玩玩具的乐趣。

（3）了解轮子在社会生活中的应用。

【游戏的重点、难点】

（1）此游戏的重点是让学前儿童了解轮子是圆的，会滚动的特性。

（2）如何引导学前儿童发现并感受轮子带给我们生活的便利是这次活动的难点。

【游戏活动准备】

（1）圆形、正方形、三角形的积木若干。

（2）课前学前儿童收集的玩具汽车。

（3）各种有轮子的物体的图片。

【游戏活动过程】

1．游戏导入，激发兴趣

（1）教师出示装有圆形、三角形、正方形积木的“百宝箱”。引导学前儿童在“百宝箱”中摸一摸，感知物品的形状，然后选择自己喜欢的积木，在地上玩一玩，滚一滚。

（2）教师提出游戏小任务：看看哪个会滚，哪个不会滚。看看谁最先发现它们的小秘密？接着教师提出问题：“想一想，哪块积木滚得快，滚的时间长，为什么？”组织学前儿童进行讨论。

（3）教师适当小结。在这一环节中，学前儿童通过玩游戏发现了圆形积木会滚，滚得快，滚得时间长，因为它没有棱角是圆形的，从而了解圆形会滚动的特性，为后面认识轮子和它的作用做好铺垫。

2．探索发现，认识轮子

（1）教师引导学前儿童观察自己带来的玩具小汽车，启发学前儿童："请小朋友们找一找小汽车上哪些东西是圆形的？"学前儿童自由观察讨论，通过观察认识到轮子是圆形的这一特征。

（2）接着学前儿童自由玩一玩自己带来的汽车玩具。教师提出问题："你是怎样玩玩具的？玩具汽车是怎样前进的？"学前儿童回答后，教师小结："轮子是圆圆的，可以向各个方向滚动，并请学前儿童演示轮子的滚动。"

3．拓展思维，启发联想

教师与学前儿童进行谈话："你还见过哪些东西上有轮子呢？为什么要安装轮子？"教师可以引导学前儿童发散思维，想一想除了车以外还有哪些东西上有轮子，并结合自己生活中的经验，谈一谈轮子的作用，感受轮子给我们生活带来的方便，使学前儿童认识到轮子可以帮我们"走"得更快，还能省力。

4．轮子自述，拓宽视野

（1）教师进行小结："这些轮子真了不起，帮我们做了很多事情，让我们一起来看一看还有哪些东西上有了不起的轮子吧。"

（2）教师以轮子的身份进行自述："我是了不起的轮子，你瞧，溜冰鞋上有圆圆的轮子，自行车上有圆圆的轮子，摩托车上有圆圆的轮子，汽车上有圆圆的轮子，火车上也有圆圆的轮子，它们都因为有了我而跑得很快很快！把大家带到想去的地方。"

5．创设情景，感受体验

（1）创设情景：请学前儿童分组感受搬动滑板车和拉动滑板车有什么不同，并请学前儿童说出答案（利用轮子拉动更省力气，更快）。

（2）教师小结："有了轮子，我们在做事情的时候会更省时、省力，更方便！"

【游戏活动反思】

通过这个活动，孩子们了解了轮子的特性，知道了轮子在生活中给人们带来的方便。体验到了游戏的乐趣，懂得了简单的科学道理。

资料来源：广饶县李鹊镇小张幼儿园田晓玲组织的科学游戏.

中班数学游戏：红枣馒头

【游戏活动目标】

（1）让学前儿童知道 7 添上 1 是 8，并能认读数字 8。

（2）让学前儿童理解 8 的实际意义，知道数量是 8 的事物能用数字 8 来表示。

（3）发展学前儿童的动手操作能力。

【游戏活动准备】

（1）自制挂图 1（7 个大灯笼和 7 个小灯笼，对应摆放）；挂图 2（7 个大馒头）。

（2）卡纸做的大馒头、小馒头、大红枣、小红枣若干，数字卡片 7、数字卡片 8。

【游戏活动过程】

一、创设情境，引出课题，点数 7

教师可以用故事的形式引出课题。例如，“过年的时候，我们挂上红红的灯笼来庆祝新年。”

出示挂图 1：我们一起来数数，有多少个灯笼呢？（先引导学前儿童点数并说出总数，再比较出大灯笼和小灯笼一样多，数量都是 7 个。用数字 7 来表示，出示数字卡片 7。）

二、学习 8 的形成，认读数字“8”

过年的时候，我们挂上红红的灯笼，还要做上香香的馒头。

（1）出示挂图 2，让学前儿童数数有几个大馒头。（7 个）老师又拿来了一个，问学前儿童现在一共有多少个。（8 个）引导学前儿童说出 7 个大馒头添上 1 个大馒头是 8 个大馒头。8 个大馒头用数字“8”来表示，并出示数字 8。

（2）老师又拿来了 7 个小馒头，在 8 个大馒头下面对应出示 7 个小馒头，引导学前儿童比比大馒头和小馒头谁多谁少，怎样使它们变成一样多。启发学前儿童用添上 1 或去掉 1 的方法把它们变成一样多，从而知道 7 添上 1 是 8，8 去掉 1 是 7。

（3）教师总结：7 添上 1 是 8。

三、学前儿童动手操作

（1）师：“小朋友们，你们吃过红枣馒头吗？今天老师准备了好多红枣，请你们把这些馒头变成红枣馒头吧。”

（2）学前儿童分组操作，给“馒头”贴“红枣”。每人领到一张卡纸做的 8 个大馒头和一张卡纸做的 8 个小馒头，要求学前儿童分别给每个大馒头贴上 8 个大红枣，给每个小馒头贴上 8 个小红枣。

（3）交流验证操作结果。

请学前儿童相互点数，看看是不是放了 8 个红枣，多了就拿掉，少了就添上。

四、游戏巩固数字“8”的认识

（1）出示数字卡片“8”，请学前儿童认读、观察数字 8 的形状像什么？（像麻花、像葫芦等。）

（2）游戏：看谁最快找到活动室里数量是 8 的物体。如，8 个水杯、8 块积木、8 本书等。

【游戏活动延伸】

利用户外活动做游戏“老鹰捉小鸡”，进一步巩固 7 添上 1 是 8，8 去掉 1 是 7。（游戏玩法：老师当“母鸡”，有 8 只“小鸡”，“老鹰”吃掉一只还剩 7 只“小鸡”，救回一只是 8 只“小鸡”。）

【游戏小结及反思】

本节活动教师利用故事首先复习巩固了 7 的点数，再衔接到 8 的形成及 8 的点数，让学前儿童动手操作进一步认识 8，利用游戏巩固认识。每个环节使学前儿童顺其自然地导入，让学前儿童在动手操作中领悟知识，在游戏中学会知识的运用，使得学习效果突出地表现出来。

资料来源：中国学前教育网 http://web.preschool.net.cn/

大班科学游戏：猜左手，猜右手

【游戏活动设计意图】

区分左右是大班学前儿童学习的一个内容，学前儿童以自身为中心来辨别左右关系是以客体为中心辨别左右关系的前提。《纲要》指出：“学前儿童园应以游戏为主要向导，让孩子在游戏中得以不同的发展和提高。”于是教师在活动中通过左右手这个载体，设计了几个与左右手有关的小游戏，希望能在游戏中提高孩子细致观察和辨别能力，并能够正确区分左右手及相应的左右关系。

【游戏活动目标】

让学前儿童能正确区分左手和右手，在游戏中提高学前儿童细致观察和辨别能力，体验与同伴玩的乐趣。

【游戏活动准备】

PPT课件，大纸盒，若干红、蓝圈。

【游戏活动过程】

1．找找自己身上的左右

（1）师：“今天我们要玩一个游戏，来找找自己身体上的左和右，你们知道身上有哪些部位是分左和右的？你们都能分清楚吗？”

（2）热身游戏“我说你做”。

2．游戏：看手势图，猜左右手

（1）出示PPT课件。

师：“今天我们要玩一个看图猜左右手的游戏，怎么玩呢？”

（2）介绍游戏规则。

规则1：当老师点出一张图时，请你们快速仔细地看看，这个手势用的是左手还是右手，如果你觉得是左手，就请跑到你左边的线后；如果你觉得是右手，就请你跑到你右边的线后，并做出与图片一样的手势。

规则2：当老师说：“开始”。你们就跑。老师数54321，说到1的时候，你必须站到线后，并且不能再改动，否则就算输，请回到自己的座位上。

规则3：如果猜对的是右手做出的手势，在你的右手上戴一个红圈，如果猜对的是左手做出的手势，在你的左手上戴一个蓝圈。

（3）交代规则后请学前儿童复述规则。

（4）学前儿童游戏。

（5）比比谁获得的圈多。

3．“猜左手、猜右手”游戏

（1）游戏：猜左手、猜右手。

游戏玩法：两个人分别站在盒子的两边，面向有洞的一面，两个人轮流游戏。

先玩者从盒子顶部的篮子里取出一张卡片，看好卡片上的字是左还是右，如果是左，就用自己的左手做个手势，让对方猜；如果是右，就用自己的右手做个手势，让对方猜。如果猜对了，就把卡片放回顶部的篮子中，然后交换，最后比比谁获得的卡片多。

（2）学前儿童两两合作玩游戏，教师巡视，个别指导。

资料来源：上海学前教育网 http://www.age06.com/

四、科学领域游戏活动组织

1．营造游戏氛围

教师为学前儿童提供一个轻松、自由又井然有序的环境，鼓励学前儿童消除顾虑，大胆尝试。还要为学前儿童提供良好的物质，让学前儿童自由地、独立地、反复地与游戏材料接触，在接触中增强好奇心，发现问题，从而积极地探索各事物间的联系与变化。

2．理解游戏规则

教师应该将教导学前儿童遵守规则与鼓励他们探索相结合。教师将规则讲解给学前儿童，使他们理解游戏规则。学前儿童玩起来容易忘记规则。对于没有安全问题的违规，教师不必立即制止，可在游戏结束总结时提醒学前儿童遵守规则的意义，并在平时注意规则意识的教育。

3．组织游戏活动

学前儿童玩中学、学中玩的特点显著，学前儿童科学游戏的过程是学前儿童自娱自乐探索学习的过程，而非纯粹是教师教的过程。游戏中教师应给予恰当的点拨与引导，绝不能主宰、导演或干扰学前儿童的游戏，活动中要尊重学前儿童、依靠学前儿童，充分发挥他们自主自治的作用，保证学前儿童成为游戏的主人。比如，游戏的场地、环境的布置、材料的准备应由师生共同创设与使用；游戏的常规与要求不应该是教师对学前儿童的单向制约，而是出自学前儿童意愿的行为规则；同伴的交往、游戏的进展、过程的评价应该是教师与学前儿童共同参与的平等行为；游戏中教师应该是学前儿童的游戏伙伴、学习密友，应鼓励孩子去探索、去发现，从而使学前儿童获得积极、主动的发展。

4．参与游戏过程

教师要学会做一个静静的观察者，在学前儿童需要时积极参与游戏，与学前儿童进行语言的、心灵的交流，不要轻易打断学前儿童的游戏，应以协商的方式支持学前儿童的需要和发展，在游戏中起引领作用。

5．评价游戏活动

教师评价游戏的形式要灵活多样，一是自我肯定，二是同伴赞许，三是成人赏识。

游戏活动演练

游戏 1：拍七

游戏目的：训练学生的反应能力。

游戏规则：学生按横排从右到左的顺序，从“1”开始数数，数数的同时双手击桌子，遇到数字 7 或 7 的倍数（如 7、17、21、27 等）就只做击桌子的动作不数数，做错者罚表演节目。

游戏 2：找不同之处

游戏目的：训练学生的观察力。

游戏规则：从以下两张图中找出六处不同之处。

游戏活动演练

1．简答题

（1）科学领域游戏可分为哪几类？

（2）简述结合幼儿生活常识设计科学游戏的方法。

2．案例讨论题

某些教师的话：“不要再看蜘蛛网了，今天的课堂内容是观察春天的花儿。”“听老师讲课，不要乱插嘴。”为了便于管理，便于知识灌输，教师常常急于将幼儿引到预先设计好的内容上来。

很多教师不顾儿童尝试和探究的权利，缺少游戏精神，培养出来的是顺从、死记硬背的孩子，而不是会思考、会创造的孩子。

针对以上现象，请你结合本节所学内容，提出教育建议。

3. 实训项目

小组内自定内容，设计一例数学游戏并写出详细教案，小组内相互点评，然后集体备课，各小组出一份优秀教案并相互学习。

第五节　艺术领域游戏活动设计

按照游戏的内容可将艺术领域游戏分为音乐游戏和美术游戏两大类。

案例导入

小班幼儿拿着粗细不同的黑线笔，在纸上画画，当他们无意中画出长线、短线、细线、弯线时，老师带着赞赏的口吻说：“哦！这是长长的线，这是雨点的线，这线跑得真快呀……你真行，能画出这么多种线来。”并用鼓励的口吻说：“你能画排得很整齐的线吗？”“可以。”孩子们的回答充满兴奋和信心，他们在“乱画”中思维更活跃，手更灵活。

思考与讨论：

1. 你赞同老师对孩子的鼓励吗？为什么？
2. 在以上案例中，还可以有什么样的方式鼓励孩子？

一、艺术领域要求

《3～6岁儿童学习与发展指南》中指出艺术领域包含了两大方面，如图4-9所示。

- 感受与欣赏
  - 喜欢自然界与生活中美的事物
  - 喜欢欣赏多种多样的艺术形式和作品
- 表现与创造
  - 喜欢进行艺术活动并大胆表现
  - 具有初步的艺术表现与创造能力

图4-9　艺术领域的两大方面

二、艺术领域游戏活动分类

按照游戏内容可将艺术领域游戏分为音乐游戏和美术游戏两大类。

1. 音乐游戏

音乐游戏有唱歌游戏、节奏游戏、舞蹈游戏（见图 4-10）。

图 4-10　新疆舞蹈

2. 美术游戏

美术游戏有涂鸦游戏（见图 4-11）、绘画游戏、手工游戏（见图 4-12）。

图 4-11　涂鸦游戏

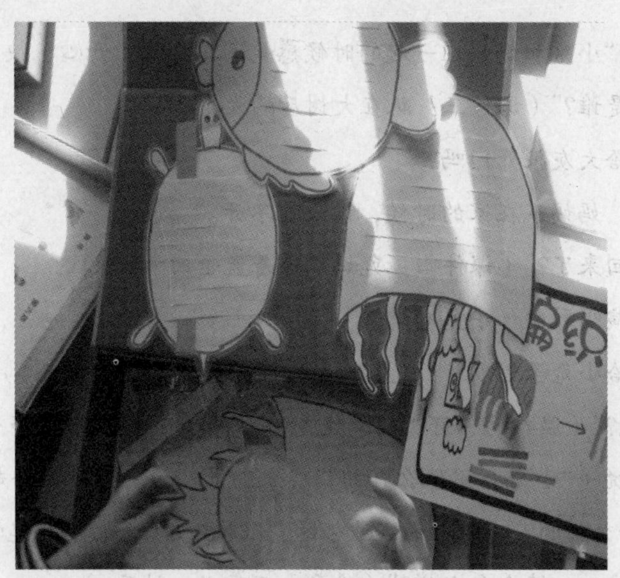

图 4-12　编织游戏

三、艺术领域游戏活动设计

艺术领域的学前儿童游戏设计的步骤，一般从感知与体验、探索与发现、创作与表现、欣赏与评议几方面来进行。学习者应该能独立设计游戏方案，使教学活动设计更具针对性和实用性。

游戏设计范例

小班音乐游戏：小兔乖乖

【游戏活动目标】

1. 感受两段不同风格的音乐。
2. 尝试运用乐器来表现和表达对音乐的感受。
3. 体验自由表现的愉悦感，增强参与活动的自信心。

【游戏活动准备】

经验准备：幼儿已经熟悉歌曲《小兔乖乖》，熟悉故事《小兔乖乖》。

教具准备：课件，大灰狼、小兔和兔妈妈的头饰、小兔的家——大树、打击乐器。

【游戏活动过程】

1. 播放课件

师："请小朋友看看这是谁和谁？（课件一：兔妈妈和小兔）它们在干什么？"（课件

二：一起做游戏）“小兔和妈妈在一起的时候感觉怎么样?”（开心、快乐，很幸福。）

师：“看看这是谁?”（课件三：趴在大树后的大灰狼。）

师：“小兔能给大灰狼开门吗?”

师小结：“对，妈妈不在家的时候，谁来也不开。”

师：“看，谁回来了?”（课件四：兔妈妈拎着篮子回来了。）

2. 引导幼儿演唱歌曲《小兔乖乖》

师：“兔妈妈给小兔子唱歌了，怎么唱的?”（师带幼儿一起演唱。）“妈妈的声音听起来是什么样的感觉?”（温柔的、好听的、优美的）“小兔听到妈妈的声音，心情怎么样?”（高兴、快乐、喜悦）“小兔会用什么样的声音来唱歌?”（师带幼儿一起演唱。）“大灰狼唱歌时的声音是什么样的?”（粗粗的、沙哑的、很难听）（带幼儿一起学学大灰狼演唱。）“小兔听到是大灰狼，心情会怎么样?”（难受、不高兴、讨厌。）

“小兔会用什么样的声音演唱?”师带幼儿演唱。

3. 请幼儿辨别兔妈妈回来的音乐和大灰狼来的音乐

曲一：“大灰狼”来时的音乐。

曲二：“兔妈妈”回家时的音乐。

师：“请你们来听听这是兔妈妈回来了还是大灰狼来了?”

师：“兔妈妈回来了，兔妈妈唱……；大灰狼来了，怎么唱……”

4. 幼儿带头饰分角色来进行演唱

教师将小兔、兔妈妈、大灰狼的头饰散放在活动室四周，便于幼儿随意取戴。

教师布置好情景：小兔的家，大树，请幼儿自由来扮演小兔、兔妈妈和大灰狼并戴上头饰，找到相应的位置，听音乐进行游戏活动。

师弹奏背景音乐，请幼儿仔细听，是谁的音乐，谁就出来唱歌。

（在幼儿熟悉游戏过程之后，引导幼儿加上一些简单的动作进行表演。）

（幼儿自由找其他的伙伴来交换头饰互换角色表演。）

5. 引导幼儿进行配乐

（1）准备摇铃和圆舞板、手鼓、幼儿听辨。

师：“老师给小朋友准备了能发出声音的小乐器，请小朋友去找一找，玩一玩。”（将摇铃和圆舞板、手鼓散放在四周，幼儿自由拿取。）

教师出示乐器的标记，幼儿认识。

教师引导幼儿找乐器标记来站队。

（2）引导幼儿用乐器来表现小兔、兔妈妈和大灰狼。

师："小朋友说说小兔会喜欢哪种乐器？小兔妈妈会喜欢哪种乐器？大灰狼呢？"按照幼儿的意见组织幼儿练习为角色伴奏。

6. 幼儿进行分组角色扮演，师指挥

一组：大灰狼（师弹背景音乐，大灰狼出场。大灰狼边敲打乐器边唱歌。）

二组：兔妈妈（师弹背景音乐，兔妈妈出场。兔妈妈边敲打乐器边唱歌。）

三组：小兔边敲打乐器边唱歌。

幼儿活动一次后，引导幼儿自己去找同伴互换乐器继续进行伴奏活动。

【活动结束】听音乐，送乐器。

听到小兔妈妈的音乐，扮演兔妈妈的宝宝送乐器；听到大灰狼的音乐，扮演大灰狼的幼儿送乐器；最后小兔来送乐器。

结束活动。

资料来源：中国幼儿教师网 http://www.yejs.com/

中班舞蹈游戏：三只小熊

【游戏活动目标】

（1）感受音乐，激发学前儿童对舞蹈的兴趣，培养学前儿童活泼、开朗的性格。

（2）引导学前儿童按舞蹈的节拍做动作，培养学前儿童的节奏感。

（3）进一步巩固侧垫步步伐，新教脚尖前后点地动作。

【游戏活动准备】

多媒体课件。

【游戏活动过程】

1. 老师出示课件，引起学前儿童兴趣

（1）师："小朋友们，今天小熊一家请我们到他们家做客，你们想不想去呀？"（播放《郊游》背景音乐，带着小朋友走着欢快的垫步步伐手拉手侧步进场）

（2）师："咦！小朋友，你们看这是到哪儿啦？噢！这是大森林，小熊的家就住在大森林里，你们看，这儿有什么？噢！有房子，看样子这是谁的家呀？你们猜一猜，我们一起来看看这究竟是谁的家？（出现"小熊的家"字样）噢！原来真是小熊的家，那你们再猜一猜，小熊的家里会有谁呢？"

学前儿童自由发言。

（3）教师依次出示小熊图片，让学前儿童认识小熊一家人，并用动作模仿出来。

① 老师边看课件边提问："这是谁呀？熊爸爸是什么样子的呢？"

② 师："哪位小朋友用动作来做给我们大家看一看呢？"

③ 师："这又是谁呢？熊妈妈长什么样子啊？"

④ 师："把熊妈妈的样子用动作表现出来，谁来？"

⑤ 师："最后一位是谁？熊宝宝真可爱，谁来做一做熊宝宝可爱的样子呢？"

⑥ 师："真棒！我们一起来模仿这些动作好不好？"

教师小结："小朋友们编的动作可真漂亮！原来小熊一家有三口人，小朋友跟我一起说，有谁呀？小熊一家有三口人，有熊爸爸、熊妈妈还有小熊。"

2. 学前儿童欣赏音乐、理解音乐。

（1）师："小熊一家见到我们小朋友，可高兴了， 还给我们准备了一首好听的音乐，你们想不想听？"

（2）学前儿童欣赏音乐。

老师提问："有没有小朋友听懂里面唱了什么呀？这是一首韩国歌曲，它讲了三只小熊住在一间房子里，有熊爸爸、熊妈妈和小熊，熊爸爸胖胖的，熊妈妈很苗条，小熊很可爱，小熊一天一天在长大。

师："噢！原来这么好听的音乐里，还有一个好听的故事，我们小朋友一边讲故事一边再听一遍音乐好不好？"

师："哎呀！这个音乐可真好听，小朋友们听了这个音乐，你们想干什么呢？"（跳舞。）

（3）学前儿童听音乐随意舞蹈，老师说中文歌词。

（4）老师小结："小朋友们刚才跳得真棒！老师听了这么好听的音乐也想跳舞，你们想看我跳舞吗？"（引出舞蹈《三只小熊》。）

3. 学前儿童欣赏并模仿舞蹈动作

（1）播放音乐，教师跳舞，学前儿童欣赏；提醒学前儿童要仔细看，看看你觉得老师的哪些动作做得好。

（2）学前儿童欣赏后，教师提问。

师："刚才老师跳的舞中你觉得哪些动作做得好呀？展示给我们看一下。"（请几名学前儿童模仿。）

教师小结："刚才几位小朋友跳得真好，那你们是不是都觉得老师跳的舞蹈不错呀？想不想学一学？"

4. 引导学前儿童学习舞蹈

（1）老师边说歌词边分解动作，学前儿童一齐练习动作。

（2）重点指导学前儿童练习脚尖后点地的动作。

（3）全体学前儿童随音乐，完整地表演舞蹈。

（4）预设情境让学前儿童分组表演舞蹈。

5. 学前儿童随音乐出教室

师：“刚才小熊一家欣赏了我们跳的舞，夸我们都是能干、聪明的好孩子，小朋友们开心吗？（开心）那我们跟小熊再见，我们回家喽！小熊再见！”（随《郊游》音乐出教室。）

资料来源：妈咪爱婴网 http://www.baby611.com/

大班绘画活动：秋天的树

【游戏活动目标】

（1）感知秋天艳丽的色彩和果园丰收的景象。

（2）探索学习用多种方法表现树冠，尝试用红黄和黄绿色系表现秋天的树的色彩。

（3）学会与同伴合作画画，感知集体作画的乐趣。

【游戏活动准备】

（1）与秋天景色相关的图片。

（2）油画棒每组若干盒。

（3）每组一张大的长方形白纸。

【游戏活动过程】

（1）音乐活动：小树叶。

教师带领学前儿童有表情地随着音乐演唱歌曲《小树叶》，感知秋天的氛围。

（2）欣赏《秋天的树》，感知秋天的色彩。

① 引导学前儿童观察用实物展示仪放大的示范图或阅读学前儿童用书《秋天的树》的画面。

② 师：“你知道这是什么季节吗？你是怎么看出来的？”

③ 师：“画面上有什么？树是什么颜色的？”

（3）重点引导学前儿童观察感知树木的形象和结构。

① 师："树是什么样子的？它由哪几部分组成？你看到的树冠是什么样子的？"

② 教师在黑板上画出树干，请个别学前儿童上来画出不同的树冠。（圆圆的、高高的、三角状、花瓣形的、多个三角形状的）

③ 启发学前儿童想一想：还可以怎样画树冠？

（4）探索用红黄色系和黄绿色系表现秋天的色彩。

① 师："你看见的秋天的树是什么颜色？"

② 教师在黑板上用黄、橙、红三种颜色给大树涂色。

涂色方法：先用笔画出一个涂色的区域，然后，一笔接一笔来回涂色，帮助学前儿童把握均匀涂色的要领。

（5）引导学前儿童以小组为单位，商量在纸上画出大地和树。

（6）作品展示：活动前收集各种关于秋天的树的图片资料，让学前儿童观察并感知，在此基础上，学习描绘秋天的树。

【游戏活动总结】

教师总结学前儿童今天的表现，表扬和鼓励在活动中表现积极的学前儿童。让学前儿童在绘画的同时，感受美术活动的快乐。同时，教师要照顾那些在活动中比较安静的学前儿童，使他们也能在活动结束的时候获得快乐，培养他们对美术活动的兴趣。

【游戏活动反思】

此次绘画活动学前儿童都很认真，因有以前的各种关于秋天的活动，学前儿童对秋天已有了较深的印象，所以画的树的形象都比较好，用的颜色也比较逼真。

【游戏活动延伸】

教师把学前儿童的作品收集好，选一些比较好的作品，在学前儿童园门口进行展示，让学前儿童感受成功感。

资料来源：寿光市台头镇东庄学前儿童园王晓老师组织的艺术领域游戏.

四、艺术领域游戏活动组织

1. 感知与体验

这是老师引导学前儿童感受、欣赏自然和社会生活中美的事物和艺术作品，获得内在体验，吸收和拓展相关经验，积累素材的过程。在这一环节中，老师要重点指导学前儿童仔细观察，使他们对即将表现的事物有更深的体会和更多的经验。

2．探索与发现环节

这一环节一般应以学前儿童自主探究基础上的自我发现为主，教师可以给予一定的提示，最后做必要的总结、提升和推动。在音乐活动的组织上，适宜给学前儿童一定的示范、讲解或演示；在美术活动的组织上，应先给学前儿童一个自主探究的时间和空间，以保护学前儿童探索与发现的积极性。

3．创作与表现环节

学前儿童创作和表现的内容可以是生活中的事物、经验或情景，也可以是自己想象和幻想的显现，可以是情绪的表达，也可以是改编或创编的故事。在这一环节中，教师应为学前儿童创设一个宽松、自由的创作氛围，鼓励学前儿童大胆想象和采用不同的表现方式，在积极的情绪状态中运用自己喜欢的方式进行个性化表达。

4．欣赏与评议环节

这是教师引导学前儿童对自己的艺术表现开展欣赏和评价的过程。教师应为学前儿童创设展示艺术的条件，引导学前儿童大胆表达自己的想法，相互交流、欣赏，共同提高。在这一环节中，教师可采取多种方式相结合，培养学前儿童初步的反思能力；同伴分享可以让学前儿童学会关注别人、尊重别人、欣赏别人；教师引导时，应关注学前儿童在经验、能力、兴趣等方面的个体差异，以鼓励学前儿童的独特性和发现学前儿童的进步为主。

在实际的艺术教育活动中，以上四个环节有时环环相扣，有时互相交叉、渗透，这四个环节只是一个完整的艺术教育的比较典型的组织实施过程，在具体的应用中，可根据具体的活动内容和本班学前儿童的已有基础和特点进行灵活多样的活动组织实施。

游戏活动演练

游戏 1：节奏练习

游戏目的：训练学生的节奏感

游戏玩法：运用节奏动作示意来表演儿歌。○：拍手、□：跺脚、~：拍腿、▼：打响指

小 ○	白 □	兔 ~	兔 ~	白 ▼	又 ▼	白 ○	白 □
两 ~	只 ~	耳 ○	朵 ~	竖 ▼	起 ▼	来 □	来 ○
爱 ○	吃 □	萝 ~	卜 ~	和 ▼	青 ▼	菜 ○	菜 □
蹦 ~	蹦 ~	跳 ○	跳 □	真 ▼	可 ▼	爱 □	爱 ○

儿歌：小白兔，白又白，两只耳朵竖起来，爱吃萝卜和青菜，蹦蹦跳跳真可爱。

游戏 2：画五官

游戏目的：训练幼儿的观察力

游戏准备：黑板一块，上面画有娃娃头两个；粉笔；眼罩两个。

游戏玩法：幼儿戴上眼罩，由教师引领到黑板前，在黑板上的娃娃头中填画娃娃的五官。画得好的幼儿被嘉奖小粘画或在其手臂上盖一个小印章。

游戏规则：家长要将眼睛蒙好不能偷看，幼儿只能用语言指挥。

知识与技能检测

1．简答题

（1）简述艺术领域游戏活动设计与组织的方法。

（2）简述幼儿园音乐游戏的种类。

2．案例讨论题

家长之间的对话："我们家的孩子上了 6 个兴趣班，你们家上了几个？""我们家的孩子喜欢画画，我要让他多上几个画画班，将来当画家。""我们家孩子现在开始学英语了，我挣的钱都花在他身上了，可要让他将来有出息，别像我一样。"

以上对话你熟悉吗？小时候你的爸爸、妈妈是不是也有这样的想法与行动？作为一名专业学前教育工作者，请你运用所学知识向这些父母提出教育建议。

3．实训项目

请从艺术领域游戏中任选一种进行设计并准备游戏材料，在本班进行模拟教学后，根据师评、互评和自评写出教学反思。在将游戏设计和材料准备进一步完善后，在见习幼儿园进行游戏教学实践，回到学校后与同学们分享设计与组织领域游戏的体会。

参考文献

[1] 姜晓燕. 学前儿童游戏教程[M]. 北京：教育科学出版社，2012.

[2] 翟理红. 学前儿童游戏教程[M]. 上海：复旦大学出版社，2013.

[3] 陈辛军. 幼儿教育学[M]. 北京：人民教育出版社，2013.

[4] 管旅华. 3～6 岁儿童学习与发展指导——案例式解读[M]. 湖北：华东师范大学出版社，2013.

[5] 邱学青. 学前儿童游戏理论[M]. 上海：上海教育出版社，2000.

[6] 丁海东. 学前游戏论 [M]. 济南：山东人民出版社，2001.

[7] 刘焱. 儿童游戏通论[M]. 北京：北京师范大学出版社，2004.

[8] 张燕、郝杰兰、姜维静. 幼儿园游戏指导[M]. 北京：北京师范大学出版社，1996.

[9] 董旭花. 幼儿园游戏[M]. 北京：科学出版社，2009.

[10] 姜晓燕. 学前儿童语言教育[M]. 北京：高等教育出版社，2011.

[11] 高庆春. 学前儿童健康教育[M]. 北京：高等教育出版社，2011.

[12] 郦燕君. 学前儿童科学教育[M]. 北京：高等教育出版社，2011.

[13] 徐则民，洪晓琴. 走进游戏. 走近幼儿[M]. 上海：上海教育出版社，2010.

[14] 刘焱，李霞，朱丽梅. 中大班学前儿童表演游戏的一般规律和年龄特点研究[J]. 学前教育研究，2003（4）.

[15] 郑艺. 运动 · 快乐 · 健康：幼儿快乐运动教学探究[M]，上海：上海教育出版社，2010.

[16] 中国学前教育网 http://web.preschool.net.cn/index.html

[17] 上海学前教育网 http://www.age06.com/Age06.web/

[18] 中国幼儿教师网 http://www.yejs.com.cn/

[19] 育星幼教网 http://www.gz61.com/

[20] 幼儿学习网 http://www.jy135.com/

[21] 杭州教研网 http://www.hzjys.net/

[22] 妈咪爱婴网 http://www.baby611.com/